本书受江西财经大学法治江西建设协同创新中心资助出版

法|学|研|究|文|丛

公司高管劳动法适用问题研究

杨德敏 著

知识产权出版社
全国百佳图书出版单位
——北京——

图书在版编目（CIP）数据

公司高管劳动法适用问题研究／杨德敏著．—北京：知识产权出版社，2021.12
　ISBN 978-7-5130-7843-6

Ⅰ.①公… Ⅱ.①杨… Ⅲ.①公司—管理人员—经营管理—劳动法—研究—中国　Ⅳ.①D922.54

中国版本图书馆 CIP 数据核字（2021）第 237861 号

责任编辑：刘　睿　邓　莹	责任校对：潘凤越
封面设计：智兴设计室	责任印制：刘译文

公司高管劳动法适用问题研究
杨德敏　著

出版发行：知识产权出版社 有限责任公司	网　　址：http：//www.ipph.cn
社　　址：北京市海淀区气象路 50 号院	邮　　编：100081
责编电话：010-82000860 转 8346	责编邮箱：dengying@cnipr.com
发行电话：010-82000860 转 8101/8102	发行传真：010-82000893/82005070/82000270
印　　刷：天津嘉恒印务有限公司	经　　销：新华书店、各大网上书店及相关专业书店
开　　本：880mm×1230mm　1/32	印　　张：7.875
版　　次：2021 年 12 月第 1 版	印　　次：2021 年 12 月第 1 次印刷
字　　数：200 千字	定　　价：48.00 元
ISBN 978-7-5130-7843-6	

出版权专有　侵权必究
如有印装质量问题，本社负责调换。

前　言

公司高管是指公司高级管理人员，对公司经营管理事务具有实际管理权力和执行权力。在公司法视野中，公司高管既是管理者，又是被管理者；在劳动法视野中，公司高管既有雇主属性，又有雇员属性。在"中国裁判文书网"和"北大法宝"检索的涉及公司高管与公司之间劳动争议样本案件453件，部分案件中司法裁判呈现出差异化的样态。具体表现为：其一，公司高管身份认定模糊，如规范依据不明确、考量标准不统一等；其二，在部分争议事项中存在差异化判决，如在加班工资、未订立书面劳动合同二倍工资、经济补偿金等争议事项出现了同案不同判的现象。造成司法裁判差异化的原因可归结为以下三点。第一，公司高管的弱势地位并不明显。以劳动关系从属性标准，公司高管的人格从属性、组织从属性、经济从属性均较弱，与普通劳动者同等适用劳动法，易造成实践中差异化判决。第二，不同法律体系下高管身份的冲突。劳动法与商法在立法价值与规范内容方面存在冲突。置身于不同法律体系下的公司高管兼具"被保护权利"和"被限制权力"的多重身份之下。劳动法律规范和商事法律规范在公司高管适用上，存在交叉规制、相互冲突的困境。第三，各地司法裁判的尺度不一。当前我国对公司高管适用劳动法问题尚未形成统一的裁判尺度。在公司高管适用劳动法的诸多案件中，均存在不同的裁判观点和裁判尺度，使司法实务中出现差异性裁判结果。

由于公司高管身份的特殊性，导致在劳动合同订立、履行、解除、违约金等劳动合同制度适用，参与工会、集体协商等集体合同制度适用，工作时间、休息休假等劳动基准法适用，以及职务变动等方面陷入困境。究其原因，我国劳动法将公司高管作为整体视为劳动者加以保护；忽略公司高管对公司拥有经营管理权力，又受公司董事会聘用和解聘，既有雇主属性又有雇员属性的特殊性；未能将公司高管与普通劳动者区别对待。这种"一刀切"的做法将公司高管视为普通劳动者纳入劳动法调整范围，无视不同情形下劳动关系的特点和劳动关系不断发展的现实需要，不符合劳动法倾斜保护理念和立法目的，使劳动关系规制缺乏灵活性和创新性，导致人力资源管理僵化。可见，对公司高管劳动法适用问题，从劳动关系、劳动立法、制度构建等角度进行系统、全面、深入研究具有重要的理论和现实意义。

原劳动部《实施〈劳动法〉中有关劳动合同问题的解答》（劳部发〔1995〕202号）规定，厂长、经理是由其上级部门聘任（委任）的，应与聘任（委任）部门签订劳动合同。实行公司制的企业厂长、经理和有关经营管理人员，应根据《中华人民共和国公司法》中有关经理和经营管理人员的规定与董事会签订劳动合同；我国《劳动合同法》规定，竞业限制的人员限于用人单位的高级管理人员、高级技术人员和其他负有保密义务的人员。可见，我国劳动法对劳动者资格并没有作出明确规定，只要与用人单位形成劳动关系则受劳动法倾斜保护，包括公司高管。劳动法之所以将公司高管与普通劳动者不加区分地纳入劳动法调整，主要是源于从属性理论。公司高管受公司聘任履行经营管理职责，要接受公司监督与管理，遵守公司规章制度，作为公司组织体中成员，在人格和组织方面具有从属性；其劳动报酬来源于公司，履行职责的风险由公司承担，在经济和责任承担方面具有从属性。我国劳动法肯定公司高管劳动者属性，忽略其雇主属性，与劳动者认定的从属性标准和受控制性标准不完全吻合。

英美法系和大陆法系的劳动立法与司法实践呈现出两大法系对公司高管劳动法定位存在诸多共识与少许差异。英美法系强调劳动关系认定中的控制性，英国、美国、加拿大、澳大利亚等代表性国家对于劳动者的判断主要是从"控制性"入手，在雇员与雇主之间的互动关系中明确公司高管的劳动法适用问题。大陆法系国家或地区，诸如德国、法国、日本尤为注重劳动关系认定中的从属性，不同国家有人身从属性、法律从属性、经济从属性与组织从属性等标准。尽管各国因政治、经济、文化和社会等方面存在差异而对公司高管有着不同的理解与分类，但是它们对于公司高管的劳动法定位具有很多共通之处。第一，不论英美法系还是大陆法系，对公司高管劳动法之定位均是置于雇员与雇主的界定及其关系认定之中。第二，英美法系和大陆法系国家劳动立法与司法实践始终坚持劳动者分层的保护理念，针对不同类型的劳动关系设计了不同的保护制度。第三，各国正是考虑到不同类型劳动者之间的差异性，纷纷通过类型化劳动者并实现劳动者分层的立法思路，严格区分公司高管与普通雇员的劳动法地位，以关注劳动者的差异性，从而实现劳动规则配给的公平性。第四，劳动立法与司法实践确定了区分不同类型公司高管的标准，如收入标准、职责标准以及与雇主的关联程度，据此使劳动法差异化适用公司管理人员。第五，强调劳动法与公司法等规定有效衔接，包括法律价值不同下的公司高管概念的统一、公司与高管的委任关系优先于劳动关系、视公司高管的类型适用劳动法或公司法。这些经验与启示值得作为我国公司高管劳动法适用立法及其制度健全的有益借鉴和方案参考。

我国应在总结劳动法调整范围和公司高管劳动争议司法实践的基础上,借鉴两大法系公司高管劳动立法和司法实践经验,明确公司高管区分适用劳动法的立法思路,完善公司高管区分适用劳动法的制度。公司高管区分适用劳动法,在丰富劳动法基础理论、完善劳动立法、解决劳动争议司法实务困境、优化人力资源管理等方面极其具有必要性。在立法和具体制度构建时,应坚持认定标准从属性、不同类型公司高管控制程度差异性、社会发展本位、特定事项特殊限制、微型企业底线控制与豁免、平衡协调公司与劳动者之间利益等原则。公司高管区分适用劳动法的立法思路和路径是实行劳动者分层保护。劳动者分层保护具有坚实的理论基础,包括以职业分类为基础所形成的社会分层,构成劳动者分层保护的社会学基础;不同岗位具有不同职责所形成的管理人员分层,构成劳动者分层保护的管理学基础;形式上不平等保护以追求公平正义所形成的实质平等,构成劳动者分层保护的法理学基础;特殊群体的倾斜保护所形成的特殊劳动者特殊保护,构成劳动者分层保护的劳动法学基础。关键在于明确劳动者分层保护的标准,劳动者在单位所获得的物质或金钱等方面的收入标准、劳动者不同岗位的职责标准、劳动者负责处理公司事务与雇主的关联程度、劳动者所掌握的知识和技能标准,是劳动者分层的依据和标准。也就是说,劳动者的收入、职责、知识技能、与雇主的关联程度决定了他在公司中处于不同层级地位,如果是强势地位,就应属于强势劳动者,对雇主依赖性弱,则倾斜保护弱者的劳动法对此类劳动者应倾向于弱化保护或限制保护;如果是

前　言

完全处于底层的弱势地位，就应属于弱势劳动者，对雇主依赖性强，则应强化劳动法的保护；如果与雇主形成较为稳定的劳动关系，具有基本的知识和技能，则处于普通劳动者地位，劳动法对其予以正常的普通保护。公司高管区分适用劳动法对公司人力资源管理规划、绩效管理、劳动关系管理、薪酬福利管理等方面具有积极作用，具体表现在以下几个方面。第一，在完善公司人力资源管理规划方面，在公司高管区分适用劳动法趋势的指引下就可以从完善企业规章制度、提升管理团队专业素质两大方面入手来构建更为贴合公司总体发展战略目标的人力资源管理规划。第二，公司高管区分适用劳动法对公司人力资源管理优化的启示就是通过建立有区分性的公司招聘选拔制度、建立严格高层管理者淘汰制度来合理制定公司招聘与配置方案，保障公司招聘与选拔活动能够得以有效开展。第三，人力资源管理的另一项关键措施是有效培训与开发员工潜能，根据本书提出的观点，许多公司可以在对高管区分适用劳动法的基础上从明确厘清培训种类、精准安排培训计划、合理设置培训内容三大方向着手对员工进行有效管理培训。第四，构建合理绩效管理体系是目前公司在对高管进行激励过程中必须要注意的重要问题。因此，公司要学会从进一步明确绩效考核责任、加强对绩效考核主体的培训、借助信息化强化绩效考核过程监控、注重绩效考核结果反馈与改进等四个方面来不断细化公司绩效管理导向，实现最优绩效管理目标。第五，强化公司薪酬管理是近年来公司高管不断区分适用劳动法的趋势表现之一，要想真正做好这一点，首先是应该形成对内公平、对外有竞争性的激励体系，其次对高管要形成激励与约束并重的薪酬方案，最后要注重对高管进行长期激励。第六，区分理论可以指引公司提升其劳动关系管理水平，在协调公司法与劳动法之间的冲突的基础上，确立"劳动者分层"保护模式，构建公司高管特殊规则，实现"因材施治"，有针对性的管理。

在明确公司高管区分适用劳动法的立法思路后，还应进一步改进立法技术，明晰其与公司的法律关系及法律适用。对我国《劳动法》"一刀切"立法模式提出了新的挑战，为避免对一部分劳动者保护过度，同时对另一部分劳动者保护不公平，实现实质公平、公正的法治理念，达到"去强扶弱、倾斜保护"的《劳动法》立法目的，应改进劳动法对劳动者适用范围的立法技术，明晰公司高管与公司之间的法律关系。我国劳动法对劳动者适用范围作了较为粗糙的规定，采取了不完整的概括加排除适用的立法方式，对劳动者内涵作出了基本界定，但没有提及对公司高管排除适用，这种立法模式与劳动者和公司高管客观性标准不相吻合，立法模式应进行适度调整。立法应相对明确界定劳动者资格和公司高管身份属性，拟采用"概括+列举+授权+排除"的混合折中式立法模式。此种模式既能够对劳动法适用劳动者的范围作基本界定，又能够列举劳动者包括公司高管的具体情形，并且授权公司章程对特殊情形下的公司高管作出判断，同时又包括对公司高管以及不得适用劳动法的情形作出排除规定，兼顾了法律适用的原则性和灵活性，增加了公司高管认定的弹性标准，能够满足劳动法应对劳动关系新变化的调整需要，具有时代性和稳定性。在立法体例上，应当采取特别立法的方式，对劳动者分层保护并区分公司高管不同情形适用劳动法作出特别规定，建议由最高人民法院以司法解释的方式对公司高管劳动法适用作出特别规定，待时机成熟时，再上升为劳动法的一般规定。鉴于公司高管群体具有不同层级，应在立法上界定为不同类型并予以强弱不同的劳动法保护：（1）公司副总经理、公司总经理助理、部门经理、董事会秘书、财务负责人等具有执行公司事务权力的公司高管适用劳动法；（2）公司章程规定的执行公司事务的其他公司高管适用劳动法；（3）非公司法定代表人的总经理、公司的单位代表等具有公司经营管理实际权力的公司高管，与公司成立劳动关系，可以适用劳动法，但针对特定事项应限制适用劳动法；（4）公司董事长、董事、监事、法定代表人的总经理等具有公司决策权的公司高管排除劳动法适用；（5）适用劳动法的公司高管具有劳动者身份，其依法依规履行公司职责行为适用劳动法。但是没有依法依规依约，超越职责范围，且主观存在过错的公司高管限制适用劳动法。公司高管与公司之间既存在委任法律关系，又存在劳动法律关系，应视不同类型公司高管，分别侧重适用劳动法或公司法，具体规则为：公司法与劳动法在适用于公司高管时的效力边界，应遵循公司高管与公司之间的利益平衡规则；不同类型公司高管与公司利益的趋同性不同，也充分体现了公司法和劳动法的不同价值取向，应区别适用公司法或劳动法；具有双重属性的同一类型公司高管，视其不同事项区别适用劳动法和公司法；公司高管与公司之间的委任关系属于特别约定而形成的法律关系，劳动关系是基础和核心的法律关系，委任关系应优先适用；应建立和完善促使公司法和劳动法的调整功能相互补充的配套制度，比如违约责任制度、连带赔偿责任制度、举证责任制度等。

公司高管区别适用劳动法，主要是对公司高管特殊权利予以特别规制，限制适用劳动法保护。主要是针对具有公司经营管理实际权力的公司高管，以及具有执行公司事务权力的公司高管的特定事项。在微观层面，对劳动合同解除、加班工资适用、经济补偿金适用、违约金条款、双倍工资适用、劳动关系恢复、举证责任、连带责任承担等方面应制定特别规则，限制劳动法适用；在中观层面，应排除适用其参加工会，相应地为其建立相关平台，以维护其合法权益；在宏观层面，标准工作时间、最低工资标准等方面应当限制适用劳动法。简言之，笔者认为对具有公司经营管理实际权力的公司高管，与公司存在劳动关系，可以适用劳动法，但在劳动合同解除、工作时间、经济补偿金等微观、中观和宏观层面限制适用劳动法；具有执行公司事务权力的部分公司高管，原则上适用劳动法，在双倍工资、工作时间、加班工资等少数特别事项方面，根据其对公司经营管理权实际控制情况，参照具有实际管理权力的公司高管限制适用劳动法。

目 录

导 论 ………………………………………………………… （1）
  第一节 典型案件引发的问题思考 …………………………… （2）
  第二节 国内外研究文献综述 ………………………………… （17）
  第三节 研究思路和方法 ……………………………………… （24）
  第四节 研究范围界定 ………………………………………… （25）
  第五节 创新与不足 …………………………………………… （25）

第一章 公司高管劳动法适用的困境分析 ……………………… （27）
  第一节 公司高管劳动法适用实证分析 ……………………… （27）
  第二节 公司高管劳动争议焦点 ……………………………… （53）
  第三节 公司高管适用劳动法之困境 ………………………… （59）
  第四节 公司高管劳动法适用困境的原因分析 ……………… （67）

第二章 劳动法上的劳动者与公司高管法律地位分析 ………… （71）
  第一节 劳动法上劳动者资格的判定与从属性标准 ………… （71）
  第二节 立法对公司高管的界定及其评析 …………………… （77）
  第三节 公司高管身份的特殊性 ……………………………… （87）
  第四节 公司高管在劳动法上的定位 ………………………… （92）

第三章 域外公司高管劳动法定位问题比较研究 ……………… （97）
  第一节 英美法系对公司高管的劳动法定位 ………………… （97）

第二节　大陆法系对公司高管的劳动法定位 …………（107）
　　第三节　域外对公司高管劳动法定位的立法评析与
　　　　　　借鉴 ………………………………………（115）

**第四章　公司高管区分适用劳动法与公司人力资源
　　　　　管理** ……………………………………（127）
　　第一节　公司高管区分适用劳动法的必要性 ………（127）
　　第二节　公司高管区分适用劳动法视野下公司
　　　　　　人力资源管理的优化 ……………………（134）
　　第三节　公司高管区分适用劳动法的原则 …………（150）

**第五章　我国公司高管劳动法适用立法思路：劳动者
　　　　　分层保护** ………………………………（160）
　　第一节　劳动者分层保护的理论基础 ………………（160）
　　第二节　劳动者分层的标准 …………………………（167）
　　第三节　劳动者分层的结果 …………………………（173）

**第六章　我国公司高管劳动法适用立法技术：明晰
　　　　　法律关系** ………………………………（181）
　　第一节　立法模式与体例 ……………………………（182）
　　第二节　公司高管的范围及劳动者身份定位 ………（187）
　　第三节　公司高管与公司的法律关系 ………………（194）
　　第四节　明确劳动法与公司法效力规则 ……………（199）

**第七章　我国公司高管劳动法适用特别规则：特殊
　　　　　权利限制** ………………………………（205）
　　第一节　微观层面：劳动合同制度的适用 …………（207）
　　第二节　中观层面：集体劳动关系制度的适用 ……（215）
　　第三节　宏观层面：劳动基准法的适用 ……………（218）

目　录

结论与展望 …………………………………………（222）
参考文献 ……………………………………………（225）
后　　记 ……………………………………………（234）

导 论

公司高级管理人员，简称公司高管，对公司经营管理具有决策和执行的权力，但又受聘于公司，兼有雇主和雇员双重身份，其与公司之间的争议，在适用劳动法时产生了困境。我国《劳动法》《劳动合同法》等劳动法律法规对公司高管和公司普通劳动者未加区分、同等适用，实行无差别的保护。近年来，加班补贴、未签订劳动合同双倍工资、经济补偿金、辞职等案例层出不穷，由此引发公司高管劳动争议案件同案不同判的现象，以及公司人力资源管理的困境。《劳动法》第 1 条规定，"为了保护劳动者的合法权益，调整劳动关系，建立和维护适应社会主义市场经济的劳动制度，促进经济发展和社会进步，根据宪法，制定本法"。《劳动合同法》第 1 条规定，"为了完善劳动合同制度，明确劳动合同双方当事人的权利和义务，保护劳动者的合法权益，构建和发展和谐稳定的劳动关系，制定本法"。《劳动法》《劳动合同法》在第 1 条均明确了它的立法宗旨，即国家通过对劳动关系的强制性干预，在明确劳动者和用人单位利益的基础上，在法律上将利益的天平倾斜于处于弱者地位的劳动者一方，从而防止强者更强，弱者更弱。这种倾斜性保护原则和模式，有利于平衡劳资关系双方利益，实现实质公平公正，促进社会发展。可见，将兼有雇主属性的公司高管与普通劳动者一样，无区别地适用《劳动法》，不符合《劳动法》的立法目的和宗旨，对公司高管劳动法适用问题进行全面、深入、系统研究，具有重要的理论和现实意义。

第一节 典型案件引发的问题思考

一、杨某与某公司劳动争议案

（一）案情简介❶

2018年4月16日，杨某进入某公司工作，当日双方订立书面劳动合同，约定：杨某在某公司担任副总经理，试用期为1个月，从2018年4月16日起至2018年5月16日止，试用期月工资6000元，试用期满月工资12 000元，每月25日发放上一个月的工资，甲乙双方协商一致可以变更劳动合同约定的内容，变更劳动合同应当采用书面形式；未约定劳动合同期限。2018年9月3日，某公司作出决定，任命杨某为总经办主任，薪资调整为4500元/月，从2018年7月16日执行；某公司向杨某送达了该文件，杨某在《收、发文件登记表》上签字后将其签字划掉并注明"不同意"。

由于杨某不同意该岗位、薪资调整决定，其向某公司提交了《辞职通知书》，内容为"本人杨某，经过慎重考虑，于2018年9月16日，提前30天通知公司办理辞职手续。本人最后受雇日期为：2018年10月16日"。杨某落款日期为2018年9月

---

❶ 杨某与某公司劳动争议一案一审民事判决书，载 http://wenshu.court. gov.cn，最后访问日期：2020年2月20日。

16日。收到该通知书后，某公司董事长王某在该通知书上签字批准，写明"同意，请于2018年9月13日前交清手续办理离职，工资一次性付清"，王某落款日期为"2018.9.10"。杨某于2018年9月14日发现其无法在考勤管理软件"钉钉考勤"上打卡。后杨某进行了离职交接，某公司工作人员石某、办公室主任仲某在《员工离职交接表》上签字，杨某、仲某在交接清单上签字确认。

2018年10月8日，杨某向西宁市城西区劳动人事争议仲裁委员会申请仲裁，请求裁决：确认申请人与被申请人的劳动关系解除，被申请人向申请人支付一个月赔偿金12 000元、一个月的待通知金12 000元、解除劳动合同的双倍经济补偿金24 000元、2018年4月~2018年10月16日的工资66 400元、拖欠工资50%~100%的赔偿金33 000~66 400元、未签订书面劳动合同的双倍工资114 800元。2018年11月5日，西宁市城西区劳动人事争议仲裁委员会作出西劳人仲案裁决：杨某与某公司存在劳动关系，某公司支付杨某工资33 000元、经济补偿金6000元，其他请求不予支持。2018年11月28日，某公司、杨某均不服仲裁裁决，分别向本院起诉。

（二）判决结果

（1）某公司支付原劳动合同中约定的杨某作为公司高管的工资，仍然认定其为公司高管。

（2）不支持双倍工资差额的赔偿，双方已签订了书面《劳动合同书》，不属于未签订书面劳动合同的情况。虽然某公司单方面变更了合同内容，但是不影响劳动合同关系的认定。

（3）不支持给付一个月两倍的赔偿金24 000元的诉讼请求。该案为杨某主动向某公司提出辞职申请，不存在用人单位违法解除劳动合同的情形,故不予支持。

(4)不支持给付2018年4月16日~10月16日拖欠工资赔偿金66 000元的诉讼请求。《中华人民共和国劳动合同法》第85条规定了用人单位加付赔偿金的情形,但该规定适用前提为劳动行政部门责令用人单位限期支付而用人单位逾期不支付,在劳动行政部门未作出有关责令通知且某公司与杨某关于试用期长短及工资标准等存在争议的情况下,杨某的此项主张缺乏法律依据,不予支持。

(5)关于要求给付经济补偿金12 000元的诉讼请求。根据法律规定,劳动者提前30日以书面形式通知用人单位,可以解除劳动合同,即劳动者无条件辞职权行使的预告义务。劳动者对于预告后可以继续工作30日并获得相应工资有着一种利益上的可期待性;该案中,在杨某预告辞职后,某公司提前同意解除劳动关系的行为,会使劳动者这一合理预期所蕴含的工资利益落空,因此,某公司应当向杨某支付法定预告期内剩余天数即一个月的工资12 000元作为补偿金,依法予以支持。

二、上海某公司与王某案

(一)案情简介❶

1991年7月,王某入职上海某公司担任市场部品牌经理一职。

2004年1月1日,王某回国后再次与上海某公司建立劳动关系。当月21日,王某被聘任为副总经理。2012年12月18日,

---

❶ 上海某公司与王某劳动合同纠纷二审民事判决书,载http://www.shezfy.com/index.html,最后访问日期:2020年2月27日。

王某被聘任为总经理。

2013年11月19日，上海某公司与王某签订自2014年1月1日起的无固定期限劳动合同，约定：上海某公司聘用王某担任总经理；王某每月固定工资人民币（以下币种均为人民币）51 900元。

2014年3月，王某工资调整为54 495元，上海某公司支付王某工资至2014年5月31日。2014年5月12日，上海某公司召开董事会，认为王某在上海某公司被证监会处罚事件中负有不可推卸的责任，审议并通过关于解除王某总经理职务及提请股东大会解除王某董事职务的议案。

2014年6月4日，王某向上海市虹口区劳动人事争议仲裁委员会申请仲裁请求恢复劳动关系，上海某公司支付其2014年5月14日至6月24日的工资72 660元（以月工资51 900元为标准）。

上海某公司不服仲裁结果，向法院提起诉讼。

（二）判决结果

法院认为，从劳动立法的现状来看，中国尚未建立独立于劳动关系的专业经理人任命制度，也没有明确规定不应将高级经理人排除在劳动法的适用范围之外。劳资关系建立后，由董事会任命的高级管理人员，作为公司员工的王某，受劳动法保护。与公司建立劳动关系的高级管理人员，董事会通过的解雇决议，应视为职务变动，不一定导致劳动关系的解除。上海某公司认为，董事会罢免王某总经理职务的决议不足以证明其解除劳动合同的合理性。法院认为，虽然王某原本是公司的高级经理，但他已经连续工作了十年，而拒绝恢复劳资关系实质上剥夺了王某作为老职工要求执行无限期劳动合同的权利，这是不公平的。

对于王某主张的 2014 年 5 月 14 日至 2014 年 6 月 24 日期间工资，法院判决根据 2014 年度上海某公司的职工月平均工资为 13 460.40 元，按此标准确定上海某公司应支付王某所诉求的工资。

三、宣某与某公司劳动争议案

（一）案情简介❶

宣某于 2012 年 12 月 10 日进入某公司工作，双方订立了书面劳动合同，合同期限为 2012 年 12 月 10 日至 2015 年 12 月 9 日。合同约定宣某月工资标准为税后 25 000 元，其中月工资的 10% 为某公司支付给宣某的保密工资；同时，在某公司未安排宣某住宿的情况下，按 1200 元/月的标准向宣某发放住房补贴，宣某每年绩效奖为 120 000 元；合同中还约定宣某须严格遵守某公司的《保密制度》与《保密协议》相关规定。宣某在劳动合同履行期间，先后担任研究院副经理、泵送产品制造部经理等职务，每月享受 1000 元车辆补贴。2015 年 1 月，某公司调整了宣某职务，安排宣某负责协助分管领导管理安全及生产管理工作。

2015 年 2 月起，某公司停发了宣某每月 1000 元的车辆补贴。2015 年 4 月 7 日，某公司负责人找宣某谈话，宣某承认在其个人认为无须走流程或经公司领导批准的情形下，利用其下属刘某的办公电脑登录其 OA，通过 VPN 账号存放至其个人电脑的 E 盘目录下的《中联》文件夹里。

2015 年 4 月 13 日，某公司督察部作出《关于给予宣某开除

---

❶ 宣某与某公司劳动争议二审判决书，载 http：//wenshu.court.gov.cn，最后访问日期：2020 年 2 月 27 日。

处分的征求意见》。2015年4月14日，某公司根据公司《奖惩制度》，对宣某作出了开除处分。

宣某被某公司开除后，因赔偿金等问题产生争议，向长沙市劳动人事争议仲裁委员会提起仲裁申请，2015年11月4日，长沙市劳动人事争议仲裁委员会作出长劳人仲案字（2015）第805号裁决书，作出裁决：（1）某公司支付宣某未休年休假工资14 059元；（2）某公司支付宣某车辆补贴费3000元。

宣某对长劳人仲案字（2015）第805号裁决书不服，遂诉至原审法院。某公司亦对该裁决书不服，并向法院申请撤销该裁决，法院于2015年12月9日作出（2015）长中民四仲字第01922号民事裁定书，裁定驳回某公司申请。

一审法院判决：（1）限某公司于判决生效之日起七日内向宣某支付加班工资102 567.08元；（2）限某公司于判决生效之日起七日内向宣某支付年休假工资16 381.81元；（3）限某公司于判决生效之日起七日内向宣某支付车辆补贴费3000元；（4）驳回宣某的其他诉讼请求。

宣某不服原审判决，上诉至长沙市中级人民法院。

（二）判决结果

长沙市中级人民法院认为，本案的争议焦点为：（1）某公司是否存在违法解除双方劳动合同的情形以及应否支付违法解除劳动合同的赔偿金；（2）某公司应否支付宣某加班费以及宣某主张的经济补偿金应否得到支持；（3）某公司应否支付宣某应休未休年休假工资和车辆补贴；（4）某公司应否承担履行竞业限制协议并支付竞业限制补偿金的责任。

焦点一。《中华人民共和国劳动合同法》第87条规定，用人单位违反本法规定解除或者终止劳动合同的，应当依照本法

第47条规定的经济补偿标准的二倍向劳动者支付赔偿金。宣某在未走流程和未经领导批准的情形下，私自下载并通过外网上传包括混凝土公司研究院、泵送制造部工作的文件，其行为违反了公司的《保密制度》和《员工守则》，某公司依据《员工奖惩制度》解除与宣某的劳动合同，并未违反法律的规定和劳动合同的约定。原审法院认定宣某要求某公司支付违法解除劳动合同赔偿金缺乏事实和法律依据并无不当，本院予以维持。

焦点二。根据《最高人民法院关于审理劳动争议案件适用法律若干问题的解释（三）》（法释〔2010〕12号）第9条规定，劳动者主张加班费的，应当就加班事实的存在承担举证责任。宣某与某公司签订的劳动合同中明确约定为不定时工作制，宣某亦属于某公司的管理人员，其月工资标准远远高于一般员工，某公司在向宣某发放年终绩效时亦以加班费的名义予以发放5000元。因此，宣某提出其周末存在加班事实、某公司应支付加班费以及相应经济补偿金的主张缺乏充分有效的证据予以证明，本院对此不予支持，原审法院对此认定有误，本院予以纠正。

焦点三。关于应休未休年休假工资。根据《职工带薪年休假条例》第三条之规定，职工累计工作已满1年不满10年的，年休假5天；已满10年不满20年的，年休假10天。本案中，宣某已提供相关证据证明其累计工作已满10年，而某公司的制度规定宣某每年可享受的年休假仅为5天，与上述规定不相符，宣某2014年度通过自行申请休年休假以及公司统一安排休年休假共计休年休假8天，故宣某2014年度尚有2天年休假未休。某公司应支付宣某2014年度应休未休年休假工资7490.24元。

原审法院对此计算有误,本院予以纠正。

焦点四。本案中,宣某主张与某公司签订了竞业限制协议,原审法院根据上述法律规定将举证责任分配给宣某并无不当,宣某未能提交充分有效的证据证明双方签订了竞业限制协议,应承担举证不能的不利后果,原审法院据此认定某公司无须承担履行竞业限制协议并支付竞业限制补偿金的责任并无不当,本院予以维持。

四、公司高管劳动争议案件司法裁判情况梳理

因相关企业高管劳动争议案件的争议焦点类似,笔者从中国裁判文书网中选取了一些具有代表性的案例,现总结分析如表0.1所示。

表0.1 公司高管劳动争议案件司法裁判情况汇总

序号	案号	案例名称	裁判法院	职务	主要争议焦点	裁判结果
1	(2018)青0104民初3060号	杨某与青海某公司劳动争议案	西宁市城西区人民法院	副总经理	公司高管未签订书面劳动合同双倍工资、劳动者单方解除劳动合同、适用经济补偿金、劳动合同期限的适用、违约金条款的适用	(1)劳动合同变更不影响原劳动合同效力,且单方面变更劳动者职务,仍然认定为企业高管,故不支持双倍工资赔偿; (2)劳动者单方面解除劳动合同,不存在违法解除劳动合同的情形,不支持赔偿金; (3)劳动合同期限为无固定期限劳动合同; (4)经济补偿金的适用,因劳动者预告辞职,但是用人单位却提前解除劳动合同,应当支付经济补偿金

续表

序号	案号	案例名称	裁判法院	职务	主要争议焦点	裁判结果
2	(2019)粤民申10425号	严某与某公司劳动合同纠纷再审审查与审判监督	广东省高级人民法院	管理技术岗位	支付违法解除劳动合同赔偿金、违约金条款的适用	(1) 企业高管调整岗位,但是待遇不变,职务仍是公司高管的情况下不属于企业违法变更劳动合同;(2) 因更改岗位问题劳动者拒不服从工作安排,企业辞退劳动者解除劳动关系,不认定企业需要赔偿相应的经济补偿金
3	(2016)湘01民终2941号	宣某与某公司劳动争议	长沙市中级人民法院	研究院副经理、制造部经理	公司违法解除劳动合同赔偿金、加班工资的适用、违约金条款的适用、经济补偿金的适用	(1) 违反了高管的保密协议,不能取得解除劳动合同赔偿金;(2) 企业高管加班费,因高管劳动合同约定为不定时工作制,其享受高待遇的同时应承担更多责任,不认定加班费;(3) 竞业限制应当给予一定的经济补偿金
4	(2015)沪二中三(民)终字第747号	上海某公司与王某劳动合同纠纷	上海市第二中级人民法院	副总经理、总经理	高管是否适用劳动法、劳动合同继续履行的适用、劳动合同期限的适用、解除劳动合同违法	(1) 企业高管适用劳动法;(2) 劳动合同应当继续履行,无固定期限的劳动合同签订后,高管一职无法胜任,可以调岗其他职务;(3) 因行政处罚问题,解除劳动合同违法,支付相应的工资
5	(2016)琼96民终1883号	贾某与某公司劳动争议案	海南省第一中级人民法院	运作总监	未签订书面劳动合同的双倍工资、集体劳动合同的适用、加班工资的适用、违法解除劳动合同的赔偿金	(1) 贾某作为球会高管,其熟知劳动者的权利义务及未签订书面劳动合同的法律后果,但最终贾某与某公司未签订书面劳动合同,由高管自行承担相应的责任;(2) 因高管也可以适用集体劳动合同,故采用综合计算工时工作制,但企业以高额工资已涵盖不受节假日季节性的影响而不支付劳动者在法定节假日加班工资不符合法律规定,企业高管可以适用加班制度;(3) 劳动者未向劳动行政部门申请责令限期支付,不予支持

导　　论

续表

序号	案号	案例名称	裁判法院	职务	主要争议焦点	裁判结果
6	（2018）皖0223民初481号	陈某与安徽某投资集团有限公司、安徽某旅游股份有限公司劳动争议	安徽省南陵县人民法院	行政副总经理	公司高管经济补偿金的适用、加班工资的适用、未休带薪年假的经济补偿	（1）公司违法解除劳动合同，支付经济补偿金；（2）休息日、法定休息日加班工资不予支持，因为企业高管加班无法区分；（3）未休带薪年假，工作期间年满20年，年假20天，折算为相应的经济补偿
7	（2017）鄂01民终7199号	王某、某财产保险有限责任公司劳动争议	武汉市中级人民法院	副总经理兼负责人	公司高管单方解除劳动合同、经济补偿金的适用、违约金条款的适用	公司高管单方面解除劳动合同，且已经签署了相关违约金条款，不予赔偿
8	（2016）京02民终4449号	某公司与陈某劳动争议	北京市第二中级人民法院	公司高管	企业高管单方解除劳动合同的适用、劳动合同期限的适用、违约金条款的适用	（1）因公司不按时支付劳动报酬，高管主动解除劳动合同，仍认定为公司违约，支付相应违约金及劳动报酬；（2）劳动合同的期限认定以签订的劳动合同为准
9	（2016）黔06民终198号	铜仁某公司与李某劳动争议	贵州省铜仁市中级人民法院	矿长和总经理	未签订书面劳动合同双倍工资的适用、经济补偿金的适用、劳动合同期限的适用、劳动者单方解除劳动合同的适用、违约金条款的适用	（1）未签订书面劳动合同支付双倍工资，作为公司高管，不可以与自己签订劳动合同；（2）劳动者单方解除劳动合同，公司无须支付赔偿金；（3）劳动关系存在，作为公司高管，犯贪污、贿赂、侵占财产、挪用财产或者破坏社会主义市场经济秩序等罪，不得担任高管，劳动合同无效，但是双方签订劳动合同时，李某不是高管，不受此约束

11

续表

序号	案号	案例名称	裁判法院	职务	主要争议焦点	裁判结果
10	(2015)浦民一(民)初第36399号	沈某与某公司劳动合同纠纷	上海市浦东新区人民法院	总经理	劳动合同继续履行的适用、未签订书面劳动合同双倍工资、劳动者单方解除劳动合同、劳动合同继续履行、经济补偿金的适用	(1) 因劳动合同到期后,未续签劳动合同,应支付双倍工资赔偿; (2) 劳动合同签订为固定期限劳动合同,后双方继续维持劳动关系,应当视为签订无固定期限劳动合同; (3) 高管因疾病请假,企业不足额按时发放工资,劳动者单方解除劳动合同,企业支付解除劳动合同经济补偿金
11	(2015)三中民终字第01759号	某公司与陈某劳动争议	北京市第三中级人民法院	营运部副总监	违法解除劳动关系赔偿金、加班工资的适用、经济补偿金的适用	(1) 某公司解除劳动合同无依据,应当进行经济补偿; (2) 陈某作为企业高管,执行不定时工时工作制,没有加班费
12	(2014)西中民二终字第00667号	某公司与班某劳动争议	西安市中级人民法院	管理部主任	未签订书面劳动合同双倍工资的适用、违法解除劳动关系的赔偿金、劳动者单方解除劳动合同	(1) 未签订书面劳动合同支付双倍工资; (2) 违法解除劳动合同,不发放工资,劳动者单方解除劳动合同,仍要进行经济补偿
13	(2016)沪0118民初8730号	於某与某公司上海分公司、某(集团)有限公司劳动合同纠纷	上海市青浦区人民法院	稽核管理部负责人	劳动合同继续履行的适用、违法解除劳动合同赔偿金、经济补偿金的适用	(1) 因双方已经解除劳动合同,且有人替岗,无法继续履行; (2) 违法解除劳动合同赔偿金,劳动者未主张,法院未判决; (3) 高管虽然采用不固定工时制度,但仍然享有年休假,应当对未休年休假折算工资补偿
14	(2019)沪01民终11540号	上海某公司与徐某劳动合同纠纷	上海市第一中级人民法院	人事、行政、财务负责人	未签订劳动合同的双倍工资差额、劳动者单方解除劳动合同的适用	(1) 企业虽然未签订劳动合同,但是由于劳动者是企业高管,其应当明知签订书面劳动合同的相关法律责任,所以法院不支持双倍赔偿; (2) 劳动者单方解除劳动合同,但起因是企业不发放工资,故劳动者不承担责任

导　论

续表

序号	案号	案例名称	裁判法院	职务	主要争议焦点	裁判结果
15	(2017)苏03民终2220号	李某与某公司劳动争议	徐州市中级人民法院	总经理	解除劳动合同的经济补偿适用、未签订劳动合同支付双倍工资	(1) 用人单位违法解除劳动合同支付相应的经济补偿金； (2) 未签订劳动合同应当支付双倍工资
16	(2014)沈中民五终字第994号	辽宁某公司与华某劳动争议纠纷案	辽宁省沈阳市中级人民法院	经营部和客服部经理	经济补偿金、加班工资	(1) 公司的高管人员，实行不定时工作制，不存在加班费，但是本案劳动者不是高管，适用加班工资； (2) 用人单位违法解除劳动合同，故应支付经济补偿金
17	(2018)苏民申2909号	穆某与扬州某公司劳动争议案	江苏省高级人民法院	副经理	未签订书面劳动合同的二倍工资、违法解除劳动合同赔偿金、经济补偿金的适用	(1) 穆某在联创公司担任副总经理，属于高级管理人员，应当知道用人单位不与其签订劳动合同的不利后果，对于双方未签订书面劳动合同，穆某自身存在提醒、督促和管理方面的失职； (2) 支付违法解除劳动合同的赔偿金； (3) 向劳动者支付2个月工资作为经济赔偿金
18	(2017)粤民申10307号	黄某、台山某公司劳动争议再审案	广东省高级人民法院	人力资源总监	未签订书面劳动合同的二倍工资差额、违法解除劳动合同赔偿金	(1) 向劳动者支付违法解除劳动合同赔偿金； (2) 企业高管，其工作职责涉及负责包括自己在内的公司员工劳动合同的签订，对于未签订书面劳动合同存在工作过错，不予支持
19	(2017)内民申980号	内蒙古某公司与张某劳动争议再审案	内蒙古自治区高级人民法院	总经理	违法解除劳动合同关系、未签订书面劳动合同的二倍工资差额	企业高管不适用未签订劳动合同双倍工资的惩罚性条款
20	(2017)浙民终141号	浙江某公司、陈其职工破产债权确认纠纷案	浙江省高级人民法院	总经理	经济补偿金的适用、未签订劳动合同的二倍工资差额	(1) 因采用协议工资制，签订《技术咨询协议书》为《劳动合同书》的组成部分，属于劳动合同； (2) 解除劳动合同违法，支付相应的经济补偿金

13

续表

序号	案号	案例名称	裁判法院	职务	主要争议焦点	裁判结果
21	(2015)浙民申字第517号	苏某与宁波某公司劳动争议案	浙江省高级人民法院	企业副总并主管人事行政工作	未签订劳动合同的二倍工资差额、加班工资的适用	(1) 苏某作为企业高管,应当知晓有关劳动关系的相关法律法规,在此情况下,未签订劳动合同,苏某自身存在过错,不支持赔偿金; (2) 企业高管,属于弹性工作制,没有加班工资
22	(2015)苏审二民申字第00128号	黎某与某公司劳动合同纠纷再审案	江苏省高级人民法院	副总裁	未签订书面劳动合同双倍工资差额	企业高管,没有及时签订书面劳动合同,责任在劳动者自己
23	(2011)浙民提字第28号	李某与嘉兴某电子有限公司劳动争议案	浙江省高级人民法院	厂长	逾期签订书面劳动合同二倍工资、违法约定试用期赔偿金、经济补偿金的适用、加班工资的适用	(1) 李某作为公司高管未善意提醒某公司不与其签订书面劳动合同存在的违法性及产生的法律后果,其对未签订书面劳动合同亦有相当的责任; (2) 双方口头约定李某的试用期为6个月,但双方在补签书面正式劳动合同时并未约定试用期。李某本人并没有受到实际损失,不予支持; (3) 高管上班时间有所弹性亦属正常,并不能以考勤单中李某推迟下班的记录认定其存在加班,故该主张依据不足,不予支持
24	(2019)鲁01民终11801号	济南某有限公司与卢某劳动争议案	山东省济南市中级人民法院	采购总监	经济补偿金的适用、未签订书面劳动合同支付双倍工资	(1) 未签订书面劳动合同支付双倍工资; (2) 用人单位依法安排劳动者在休息日工作,而又不能安排补休的,按照不低于劳动合同规定的劳动者本人日或小时工资标准的200%支付劳动者工资

续表

序号	案号	案例名称	裁判法院	职务	主要争议焦点	裁判结果
25	(2019)沪02民终9911号	董某与上海某公司劳动合同纠纷案	上海市第二中级人民法院	项目主管	未签订劳动合同的双倍工资、违法解除劳动合同赔偿金	(1) 双倍工资在法律适用上不仅要考虑用人单位与劳动者是否已经签订劳动合同的实际情况，对于虽未签订劳动合同但用人单位已经履行诚实信用义务，积极与劳动者磋商签订劳动合同或者由于不能归咎于双方的原因导致合同无法签订的情况则应当进行区分对待，不能仅凭双方未签订劳动合同的事实便要求用人单位承担二倍工资的相应责任；(2) 某公司并未有任何解除劳动合同的意思表示，而是因客观情况发生重大变化，给予了全体员工充分选择的权利，不属于违法解除劳动合同，不支持赔偿金

注：表中案例均出自中国裁判文书网。

以上25个案件都是公司高管与公司的劳动争议案件，主要争议焦点在：（1）未签订书面劳动合同二倍工资；（2）劳动者单方解除劳动合同；（3）劳动合同继续履行的适用；（4）加班工资的适用；（5）经济补偿金的适用；（6）劳动合同期限的适用；（7）违约金条款的适用等。中国裁判文书网中该类劳动合同争议的案件有200多个，由于裁判法院不同，对于类似的劳动争议，各地法院裁判不尽相同。

例如，对于未签订劳动合同的双倍工资问题，上海市高级人民法院、浙江省高级人民法院、江苏省高级人民法院、山东省高级人民法院、内蒙古自治区高级人民法院、辽宁省高级人民法院均不予认定，公司高管作为公司高级管理人员，应当知晓有关劳动关系的相关法律法规，在此情况下，未签订劳动合同，公司高管应当自行承担不利后果。而徐州市中级人民法院、西安市中级人民法院、贵阳市中级人民法院等则认定，未签订劳动合同，高管可以获得双倍工资的经济补偿金。由此，在公司高管未签订劳动合同的情况下，是否能够获得相应的经济补偿金，这一问题存在争议。

对于加班工资的适用、经济补偿金的适用方面，浙江省高级人民法院、长沙市中级人民法院、北京市第三中级人民法院、沈阳市中级人民法院、安徽南陵县法院认定：公司高管劳动合同约定为不定时工作制，其享受高待遇的同时应承担更多责任，不认定加班费，不支持支付相应的经济补偿金。但是，海南省第一中级人民法院、上海市第二中级人民法院、上海市青浦区法院等认定，公司高管也适用加班工资及相应的经济补偿。

其中，上海市第二中级人民法院对公司高管是否适用劳动法的问题给予了肯认：❶ 公司法和劳动法是在不同领域调整社会关系的法律规范。劳动法是劳动保护与劳动监督的统一，体现了公法与私法的结合，属于社会法范畴。劳动法中有关雇主单方面行使终止劳动合同权利的限制性规定反映了国家对劳动关系的积极干预。签订劳动合同的高级管理人员由公司聘用，按照公司董事会的要求进行生产经营，双方建立劳动关系的意思表示是明确的。但是，从劳动立法的现状来看，我国还没有建立独立于劳动关系的任命职业经理人制度，也没有明确规定公司高管应排除在劳动法的适用范围之外。实际上，公司高管属于劳动法调整的范围，与公司有劳动关系。其他法院虽没有对此予以说明，但是实际裁判中多是依赖于《劳动合同法》解决相关争议。

---

❶ 上海家化联合股份有限公司与王某劳动合同纠纷二审民事判决书，载http://wenshu.court.gov.cn，最后访问日期：2020年2月27日。

导　　论

第二节　国内外研究文献综述

一、国内学者研究现状

对公司高管劳动法适用问题，国内法学界、管理学界的学者均进行了一定的研究工作，大致可分为三种观点。其一，"肯定论"，认为公司高管与用人单位之间形成劳动关系，公司高管属于劳动者的身份，应当受《劳动法》保护，代表学者有高国梁❶、张潇月❷、丁卫民❸等。其二，"否定论"，认为公司高管属于公司管理人员，与用人单位具有委托代理关系，代表雇主一方利益，具有管理权能，不处于弱势地位，与用人单位之间不存在劳动关系，不应当认定为劳动法上的劳动者，不受《劳动者》保护，他们之间的纠纷适用《公司法》和《合同法》予以调整，代表学者有胡宇驰❹、刘瑛❺、问清泓❻、黄秋萍❼等。其三，

---

❶ 高国梁："论公司高级管理人员的劳动法规制"，载《吉林工商学院学报》2010年第4期。

❷ 张潇月："论公司高级管理人员的劳动合同法律适用"，载《中国政法大学学报》2018年第6期。

❸ 丁卫民：《论高级管理人员劳动法主体地位》，中国政法大学2013年硕士论文。

❹ 胡宇驰："论企业高管的劳动法地位——以高管是否应当豁免适用《中华人民共和国劳动合同法》为视角"，载《成都理工大学学报（社会科学版）》2019年第6期。

❺ 刘瑛："企业高管人员劳动法排除适用研究"，载《人力资源管理》2016年第5期。

❻ 问清泓："论高级管理人员劳动关系调整"，载《中国人力资源开发》2010年第8期。

❼ 黄秋萍：《对高级管理人员劳动者资格的质疑》，中国政法大学2011年硕士论文。

"折中论"，公司高管人员属于劳动者范畴，但他们相对于普通劳动者来说，具有特殊性，属于劳动者中的"强势群体"，同时也具有雇主身份属性，应分层次、分情况适用《劳动法》保护，大多数学者持此种观点，如谢增毅[1]、田野[2]、张翼飞[3]、周开畅[4]等。

国内学者对公司高管具体劳动法律制度的适用规则的研究，主要集中在以下几个方面。

（1）公司高管身份特殊性的研究。表现在与公司的关系，以及与普通劳动者之间的关系既有共性又有特殊性，认为公司高管与公司之间形成代理关系，不存在劳动关系；也有学者认为公司高管与公司之间存在特殊劳动关系，以及公司高管与公司普通劳动者之间存在管理与被管理的关系，如张小星[5]、王学华[6]等。学者们认为公司高管人员权利义务特殊、报酬特殊、双重身份特殊、劳动合同解除特殊等情形，正是由于公司高管既有雇主属性，又有雇员属性，即具有双重属性。

（2）对公司高管在劳动法上是否具有劳动者资格的研究。学者对劳动法律关系主体一方的劳动者的资格条件进行分析，从

---

[1] 谢增毅："我国劳动关系法律调整模式的转变"，载《中国社会科学》2017年第2期。

[2] 田野："劳动者辞职权的合理边界——以制度制衡为中心"，载《中南大学学报（社会科学版）》2018年第1期。

[3] 张翼飞：《公司管理人员劳动法适用问题研究》，华东政法大学2012年博士论文。

[4] 周开畅："应对高管'双轨制'下的劳动纠纷"，载《人力资源》2015年第15期。

[5] 张小星："公司高管人员的法律性质研究"，载《黑龙江工业学院学报》2017年第8期。

[6] 王学华："公司高级职员与劳动者的身份界定"，载《中国人力资源开发》2006年第4期。

而得出适用劳动法上的劳动者的一般范畴,并且应当具备弱势地位特征,进而公司高管应当排除《劳动法》适用,代表学者有郑尚元❶、张彤雷❷等。也有学者认为应从特殊身份的角度,可以适用劳动法,但在《劳动法》上设置特殊的规则,在《劳动法》保护制度上作分类处理,代表学者如谢增毅❸、薛惠敏❹等。有学者对公司高管劳动者身份提出质疑,认为不适用劳动法;也有认为适用劳动法,但要区别不同情形和针对不同对象,区分适用劳动法,设置特别条款,限制适用劳动法。

(3) 对公司高管权利和义务的研究。有学者认为公司高管有特殊的报酬权,公司高管与公司之间具有特殊的权利和义务关系,公司高管对公司以外的第三人具有责任承担义务,如刘慧龙、张敏、王亚平、吴联生❺、王会杰❻等。还有学者认为公司高管在享有特殊权利的同时,也应当对报酬权、辞职权、加入工会权等相关权利进行限制,如卢瑾❼、高国梁❽等。学者们认为

---

❶ 郑尚元:《劳动合同法的制度与理念》,中国政法大学出版社 2008 年版。
❷ 张彤雷:《企业高级管理人员劳动者身份质疑》,吉林大学 2014 年硕士学位论文。
❸ 谢增毅:"公司高管的劳动者身份判定及其法律规则",载《法学》2016 年第 7 期。
❹ 薛惠敏:《分层保护视野中劳动者身份的认定》,吉林大学 2017 年硕士学位论文。
❺ 刘慧龙、张敏、王亚平、吴联生:"政治关系、薪酬激励与员工配置效率",载《经济研究》2010 年第 9 期。
❻ 王会杰:《论公司高管对债权人责任承担制度的构建》,中国政法大学 2011 年硕士论文。
❼ 卢瑾:"劳动法有关公司高管地位及特殊适用研究",载《辽宁公安司法管理干部学院学报》2017 年第 4 期。
❽ 高国梁:"论公司高级管理人员的劳动法规制",载《吉林工商学院学报》2010 年第 4 期。

公司高管与公司之间具有基于信赖而建立的关系,他们之间形成的权利义务与普通劳动者和公司之间形成的权利义务不同,此时劳动法适用应当有区分。

(4) 从立法完善角度进行探究。主张构建劳动者分层理论,进而在立法上完善相关制度来进行规制,如董保华教授提出"劳动者分层理论",劳动者分为四个层次,企业经理人高居整个劳动者层级金字塔的顶层,认为高级管理人员属于劳动者范畴,只不过该类劳动者属于强势劳工,不需要劳动法的特别倾斜保护。该种理论认为居于金字塔顶层的公司高管人员可不适用《劳动法》保护,可适用《公司法》《合同法》等法律法规,而相对的公司其他高管人员,则应当适用《劳动法》保护,进而提出应当完善《公司法》《劳动法》《劳动合同法》等相关立法规定。

(5) 公司高管劳动争议案件处理的研究。认为公司高管劳动争议案例,由于特殊规则缺失,导致案件处理存在困境,引发权利义务失衡,如李颖、宋纯峰的《涉及公司高管人员劳动争议案件探析》[1],王平、王全兴等的《法定代表人与其公司有无劳动关系:由几起案例引发的思考》[2],学者对公司高管劳动争议案件中经济补偿金、劳动合同解除等特定事项,提出特殊适用建议,如李哲的《公司高级管理人员雇员地位问题之探讨——从一则高额经济补偿金案例谈起》[3],谷超的《公司管理人员违

---

[1] 李颖、宋纯峰:"涉及公司高管人员劳动争议案件探析",载《人民司法》2010年第23期。

[2] 王平、王全兴等:"法定代表人与其公司有无劳动关系:由几起案例引发的思考",载《财经理论与实践》2009年第11期。

[3] 李哲:"公司高级管理人员雇员地位问题之探讨——从一则高额经济补偿金案例谈起",载《兰州学刊》2007年第12期。

法解雇救济制度研究》❶ 等。

二、国外学者研究现状

国外学者对公司高管劳动立法与司法实践开展了研究,各个国家和地区一般都会涉及公司高管的定位问题,对劳动者区分了不同情形,通常在《公司法》和《劳动法》的调整范围上做一些分工,即先将一定对象的管理人员划入《公司法》调整范围,法国、德国、美国、英国等国家和一些地区的学者对此问题有较为系统的研究,如莱塞尔著有《德国合资公司法》❷,魏斯、施米特著有《德国劳动法与劳资关系》❸ 等,外国对公司高管劳动法适用立法和研究主要可分为以下三种情形。

(1) 整体排除保护的研究。对公司高管人员排除《劳动法》的适用,一些国家在法律规范或集体协议中明确排除适用于公司高管人员的情况下,公司高管人员一般被排除在法律或集体协议的保护范围。如《德意志联邦共和国企业委员会法》第 2 款规定,本法所称的职工不包括:在有法人地位的企业中,被确定为该法人的法定代表机构的成员;无限公司的股东,或者一个社团的成员,而在该社团和公司的企业中,以法律、章程或公司合同确定为社团的代表或者担任经营经理、厂长或执掌经营管理职能

---

❶ 谷超:《公司管理人员违法解雇救济制度研究》,南京大学 2017 年硕士学位论文。
❷ [德] 莱塞尔著,高旭军等译:《德国合资公司法》,法律出版社 2004 年版。
❸ [德] 曼弗雷特·魏斯、马琳·施米特著,倪雯译:《德国劳动法与劳资关系》,商务印书馆 2012 年版。

的人员。❶《美国公平劳动标准法案》规定，雇员是被雇主雇用的任何人。而雇主的定义则是"直接或间接地为了与雇员相对应的雇佣方的利益而行事的任何人"❷，同时，该法第13条规定，下列人员不属于雇员：以真正行政、管理或专业人员资格受雇的任何雇员。整体排除主要适用于有劳动法典或者单行的劳动法的成文法国家。

（2）部分排除保护的研究。部分排除主要适用于无劳动法典或单行劳动法的成文法国家以及判例法国家。在这些国家中，劳动法分散在各个单行规范性法律文件中，各法律文件又各有适用的主体范围，这样就造成管理人员在整个劳动法律体系上的部分适用情况。部分排除适用体现在公司高管人员对象、具体劳动权利义务等方面。2004年，《美国公平劳动法》修正案规定，年薪超过10万美元的雇员不能享受加班补贴。❸ 对不同类型劳动者之间的差异性进行类型化研究，提出排除适用范围。❹

（3）特殊权利保护的研究。特殊保护主要是对公司高管人员的一些特别权利给予保护，在意大利、丹麦和法国等国家特别关注到了管理人员与普通雇员之间的特殊性，以及适用保护普通雇员的制度对保护高管人员没有推动力和激励机制，因而特别规定了额外的权利。与其他雇员相比，对公司高管的保护着重在改进工作条件以及代表机制上。法律或集体协议承认高管人员在其

---

❶ 马君、刘岳庆："公司高管人员劳动法保护的边与界"，载《中国劳动》2012年第10期。

❷ 谢增毅："劳动关系的内涵及雇员和雇主身份之认定"，载《比较法研究》2009年第6期。

❸ 董保华：《十大热点事件透视——劳动合同法》，法律出版社2007年版。

❹ ［德］沃尔夫冈·多伊普勒著，王倩译：《德国劳动法（第11版）》，上海人民出版社2016年版。

他一些领域具有额外权利,包括退休金、职业培训等方面的权利。❶❷ 当然,只有少数国家实施特殊保护,主要是欧洲一些福利国家,且多体现在集体协议而非成文法中。

三、国内外学者研究现状评述

国内外学者对公司高管劳动者身份、公司高管劳动者资格、公司高管的权利义务、公司高管劳动争议案件处理等方面进行了研究,也提出了劳动者分层保护、公司高管区别保护、完善公司高管立法、限制适用劳动法等方面建议。但现有研究对公司高管劳动法适用困境原因剖析不深入、从法学与管理学相结合的研究视角缺失、从劳动法与公司法相结合的研究视角不多,导致对公司高管劳动法适用理论研究不系统、不全面,也不够深入,难以促进公司高管劳动法调整范围立法的完善、有效解决公司高管劳动争议、完善公司治理结构、提升公司人力资源管理水平。笔者拟从法学和管理学相结合、劳动法和公司法相结合的角度,聚焦公司高管与公司之间法律关系的分析,对公司高管区分适用劳动法的原则、公司高管劳动法与公司法适用规则、公司高管特殊权利限制、完善公司高管劳动法适用的立法技术等方面进行深入、全面、系统研究,以期为公司高管劳动法适用的立法完善和规则的建立提供理论支撑,提升公司人力资源管理水平,完善公司治理结构,促进普通劳动者、公司高管与公司利益协调发展。

---

❶ See Professional and managerial staff in Europe and their trade unions in the 21st century (2nd edition), Eurocadres publication, May 2009.

❷ [德]曼弗雷特·魏斯、马琳·施米特著,倪雯译:《德国劳动法与劳资关系》,商务印书馆2012年版。

第三节　研究思路和方法

一、研究思路

以公司高管具有双重身份属性在劳动法上的地位为主线，开展对公司高管劳动法适用问题研究，在对典型案例实证分析，两大法系对此问题立法经验比较研究的基础上，从劳动法律关系构成视角，提出公司高管适用劳动法的原则及具体规则，分类区分调整模式和立法技术。

二、研究方法

（1）比较分析法。对英美法系和大陆法系国家及地区的公司高管劳动法适用进行深入比较研究，并提出借鉴与启示。

（2）样本分析法。对"中国裁判文书网"和"北大法宝"中涉及公司高管与公司之间劳动争议的280余件案件进行分析，并对典型案件进行剖析。

（3）规范分析法。对公司高管在劳动法和公司法上的法律规定，以及部门规章对此规定进行规范分析，从而论述公司高管在劳动法上的劳动者资格定位。

（4）价值分析法。从劳动法与公司法的不同价值取向，对公司高管与公司之间形成的委任法律关系和劳动法律关系进行分析。

导 论

第四节 研究范围界定

本书所说的公司高管是指公司高级管理人员,简称公司高管,主要是指对公司经营管理事务具有决策和实际执行权力的公司管理人员,但不包括拥有公司股权的公司高管和国有企业委派的公司高管。研究公司高管范畴主要限于我国《公司法》对高级管理人员的界定范围,总体上包括具有公司决策权的公司高管、具有执行公司事务权力的公司高管、具有公司经营管理实际权力的公司高管以及公司章程规定的执行公司事务的其他公司高管。

第五节 创新与不足

本书创新之处主要有以下几个方面。

(1) 从劳动法律关系构成理论视角进行分析和展开论述。公司高管与公司之间除形成劳动法律关系之外,还形成委任法律关系,从这种双重身份理论视角进行论证,是现有研究视角的创新。

(2) 提出公司法与劳动法在适用于公司高管时的效力边界:①遵循公司高管与公司之间的利益平衡规则;②不同类型公司高管与公司利益的趋同性不同,也充分体现了公司法和劳动法的不同价值取向,应区别适用公司法或劳动法;③具有双重属性的同一类型公司高管,视其不同事项区别适用劳动法和公司法;④公司高管与公司之间的委任关系属于特别约定而形成的法律关系,劳动关系是基础和核心的法律关系,委任关系应优先适用;⑤应建立和完善促使公司法和劳动法的调整功能相互补充的配套制度，比如违约责任制度、连带赔偿责任制度、举证责任制度等。

（3）提出区别适用劳动法应遵循的原则，即公司高管适用劳动法时应遵循认定标准从属性、控制程度差异性、社会发展本位、特定事项特殊限制、底线控制、平衡协调公司与劳动者之间利益等原则。

（4）区分不同类型公司高管并予以强弱不同的劳动法保护：①公司副总经理、公司总经理助理、部门经理、董事会秘书、财务负责人等具有执行公司事务权力的公司高管适用劳动法；②公司章程规定的执行公司事务的其他公司高管适用劳动法；③非公司法定代表人的总经理、公司的单位代表等具有公司经营管理实际权力的公司高管，与公司成立劳动关系，可以适用劳动法，但在针对特定事项时应限制适用劳动法；④公司董事长、董事、监事、法定代表人的总经理等具有公司决策权的公司高管排除劳动法适用；⑤适用劳动法的公司高管具有劳动者身份，其依法依规履行公司职责行为适用劳动法，但是没有依法依规依约，超越职责范围，且主观存在过错的公司高管限制适用劳动法。

（5）提出立法模式和体例的可行性建议。应改进劳动法对公司高管调整范围的规定，拟采用"概括+列举+授权+排除"的混合折中式立法模式；在立法体例上，应当采取特别立法的方式。

本书不足之处主要有：（1）实证分析不够深入；（2）对分类标准的发展变化论述不够充分；（3）相关数据分析不足，对公司高管的劳动法调整与公司人力资源管理交叉研究缺失；（4）对公司法与劳动法在适用于公司高管时的效力边界、排除适用的范围等问题的研究深度不够。

第一章 公司高管劳动法适用的困境分析

第一节 公司高管劳动法适用实证分析

一、样本的数据源和总体概述

本书以 2018—2020 年我国司法实务中涉及高级管理人员相关争议的司法判决文书为研究对象。笔者通过"中国裁判文书网"和"北大法宝"为检索工具,以"高级管理人员"❶为关键词,检索范围为"本院认为",以"民事—劳动争议、民事争议"为案由,选择"判决书"为文书类型,在"审结年份"中选择 2018 年、2019 年、2020 年。通过以上检索方法,筛选重复案件❷和无关案例❸,得到我国 2018—2020 年司法实务中涉及公司高级管理人员相关争议案件共 453 个,其中 2018 年 128 个,

---

❶ 为了保障数据资料的严谨性,笔者严格按照《公司法》等法律规定,使用"高级管理人员"这一规范法律名词,而不使用"高管"等称谓。
❷ 本书对两审案件以终审判决书为统计对象,筛选重复的一审判决文书。
❸ 本书将数据库中不属于涉及高级管理人员相关争议的案件予以筛除。

2019年156个，2020年169个。❶

从时间维度上看，涉及高级管理人员劳动争议案件在不断增多。通过图1.1可看出近年来涉及高级管理人员相关争议的案件趋势不断增长。一方面，随着我国经济的蓬勃发展，我国经济社会中市场主体数量不断扩大，带动其高级管理人员群体规模增大。❷ 另一方面，公司高级管理人员相较于一般劳动者在自身能力、知识素养、维权意识等方面较强，其诉诸法律途径解决劳动争议问题的意识较强。

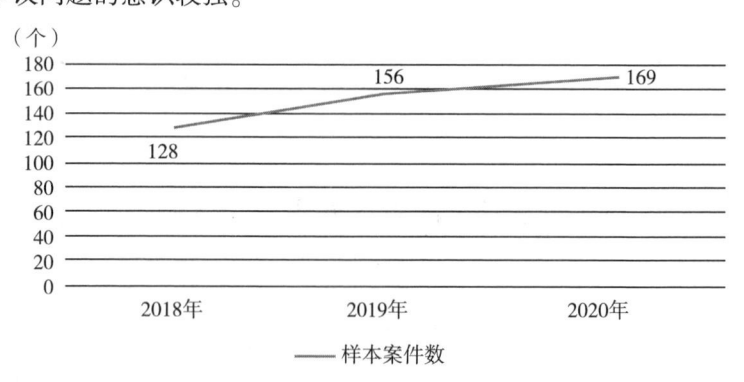

图1.1 2018—2020年高管劳动争议案件数量变化

从地域维度上看，涉及高级管理人员相关争议案件地域分布

---

❶ 受制于检索工具自身不足以及我国裁判文书上网公开制度发展较晚等因素，查询到的案件数量和真实数据或存在一定差距，样本数量有限，故本书主要为呈现一种趋势和概貌，而非精确的定量分析。

❷ 国家市场监督管理总局综合规划司："2018年全国市场主体发展基本情况"，载http：//www.samr.gov.cn/zhghs/tjsj/201902/t20190228_291539.html，"2019年全国市场主体发展基本情况"，载http：//www.samr.gov.cn/zhghs/tjsj/202003/t20200305_312509.html，"2020年全国市场主体发展基本情况"，载http：//www.samr.gov.cn/zhghs/tjsj/202106/t20210611_330716.html。最后访问日期：2021年7月19日。

广泛，数量上地域间差异较大。通过表 1.1 可知，样本案件涉及我国 28 个省级行政区，但主要集中在我国东部地区尤其是"京津冀"、"长三角"和"珠三角"这些经济发达地区，中部地区、西部地区和东北地区样本案件数量较少。❶

表 1.1　样本案件地域分布　　　（单位：件）

地区	省级行政区	样本案件数	地区合计样本案件数
东部地区	北京	43	362
	天津	10	
	河北	6	
	上海	71	
	江苏	91	
	浙江	43	
	福建	16	
	山东	19	
	广东	61	
	海南	2	
中部地区	山西	2	37
	安徽	10	
	江西	3	
	河南	3	
	湖北	12	
	湖南	7	

---

❶ 东部地区、中部地区、西部地区和东北地区划分方法，参见国家统计局："东西中部和东北地区划分方法"，载 http://www.stats.gov.cn/ztjc/zthd/sjtjr/dejtjkfr/tjkp/201106/t20110613_71947.htm，最后访问日期：2021 年 7 月 19 日。

续表

地区	省级行政区	样本案件数	地区合计样本案件数
西部地区	内蒙古	2	38
	广西	2	
	重庆	7	
	四川	12	
	贵州	2	
	云南	3	
	陕西	7	
	甘肃	2	
	新疆	1	
东北地区	辽宁	9	16
	吉林	4	
	黑龙江	3	

在主要争议焦点上，样本案件争议的焦点较多，且较为集中。根据图 1.2 可知，样本案件争议焦点主要集中在"加班工资的适用"、"未签订书面劳动合同二倍工资的适用"、"违法解除劳动合同赔偿金"和"劳动合同继续履行的适用"等问题。[1] 在争议焦点中，"加班工资的适用"出现频次最多，占总数的 21%。当前我国劳动者休息权等劳动基准尚未完全落实[2]和我国劳动者维权意识的不断增强，使涉及加班工资的争议案件数量大

---

[1] 多数样本案件主要争议焦点不止一个，本书将以所有样本争议焦点独立进行统计，不限于样本案件个数。

[2] 梁洪霞、王芳："从'996 工作制'看我国休息权的国家保护义务"，载《西南政法大学学报》2019 年第 6 期，第 72 页。

幅增加，已成为当前劳动争议审判工作的掣肘，❶ 而针对加班工资是否适用于高级管理人员的问题将在下文进行详细分析。在争议焦点中，"未签订书面劳动合同二倍工资的适用"占总数的18%。未签订书面劳动合同二倍工资差额制度是《劳动合同法》为了规范劳动用工，切实保障劳动者合法权益的惩罚性措施，本书将针对司法实务中高级管理人员对未签订书面劳动合同二倍工资的适用问题进行实证研究分析。在争议焦点中，"违法解除劳动关系赔偿金"和"劳动合同继续履行的适用"占总数的11%和6%。实际上，"违法解除劳动关系赔偿金"和"劳动合同继续履行的适用"是针对用人单位违法解除劳动关系的两个法律后果。根据我国《劳动合同法》第48条❷的规定，当用人单位违规解除劳动合同时，劳动者可要求继续履行劳动合同或由用人单位支付赔偿金。高级管理人员"追索劳动报酬"这一问题几乎都因用人单位欠薪所致，与普通劳动者"追索劳动报酬"的案件并无区别，因而不在本书研究范围之中。关于"竞业限制"

---

❶ 江苏省南京市中级人民法院民五庭："关于加班工资纠纷审理的专项调研报告"，载《法律适用》2009年第10期，第64-69页。
❷ 《劳动合同法》第48条：用人单位违反本法规定解除或者终止劳动合同，劳动者要求继续履行劳动合同的，用人单位应当继续履行；劳动者不要求继续履行劳动合同或者劳动合同已经不能继续履行的，用人单位应当依照本法第89条规定支付赔偿金。

问题根据《劳动合同法》第 23 条、第 24 条❶主要涉及高级管理人员身份认定、经济补偿金问题，涉及司法实务中高级管理人员身份的认定将在下文阐述。

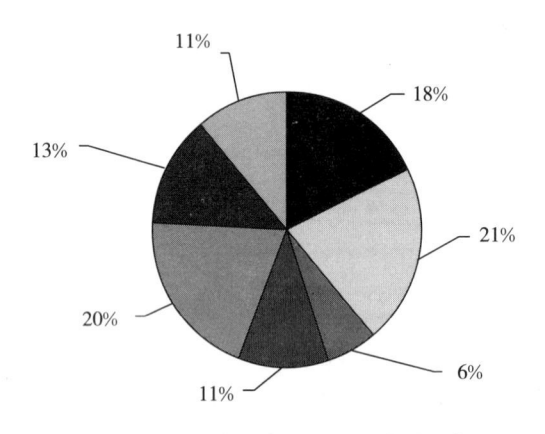

- 未签订书面劳动合同二倍工资的适用
- 加班工资的适用
- 违法解除劳动合同赔偿金
- 追索劳动报酬
- 劳动合同继续履行的适用
- 其他
- 竞业限制（经济补偿金）

图 1.2 样本案件主要争议焦点

---

❶ 《劳动合同法》第 23 条：用人单位与劳动者可以在劳动合同中约定保守用人单位的商业秘密和与知识产权相关的保密事项。对负有保密义务的劳动者，用人单位可以在劳动合同或者保密协议中与劳动者约定竞业限制条款，并约定在解除或者终止劳动合同后，在竞业限制期限内按月给予劳动者经济补偿。劳动者违反竞业限制约定的，应当按照约定向用人单位支付违约金。

第 24 条：竞业限制的人员限于用人单位的高级管理人员、高级技术人员和其他负有保密义务的人员。竞业限制的范围、地域、期限由用人单位与劳动者约定，竞业限制的约定不得违反法律、法规的规定。

二、高管身份认定的实证分析

我国现行法律体系中涉及公司高级管理人员主体身份认定的法律规范，除 1999 年实施的《金融违法行为处罚办法》以及 2001 年施行的《金融机构撤销条例》因时代稍久远而规定有别，其余均与《公司法》第 216 条相近，主要以法条穷尽式列举、公司章程授权与聘任程序法定为内容。❶ 其中，我国《公司法》第 216 条第 1 项，采用穷尽式列举、尊重公司章程自治的立法模式对高级管理人员的范围进行规定，具体为"高级管理人员，是指公司的经理、副经理、财务负责人，上市公司董事会秘书和公司章程规定的其他人员"。这种以封闭式列举加之兜底条款的立法技术，虽在一定程度上保障了公司章程规定的高级管理人员权利和公司自治空间，❷ 但随着我国经济社会的不断发展和公司实践的日益丰富，《公司法》第 216 条规定的公司高级管理人员的架构和范围过于狭窄，已不适应当前经济社会发展的现实需求，使实践中履行公司高级管理人员职权的人员范围，在形式职位和实质职权上，都脱离了现行《公司法》第 216 条规定的高级管理人员法定主体范围。❸ 笔者根据上述检索收集的 453 份涉及高级管理人员劳动争议的案件，对司法实践中认定高级管理人员的主体范围、高级管理人员认定的主要因素、高级管理人员认

---

❶ 周林彬、冯平："公司高级管理人员的主体范围研究——基于法经济学模型的解释与指导"，载《学术论坛》2019 年第 2 期，第 54 页。

❷ 石少侠："我国新《公司法》中的公司治理结构"，载《当代法学》2007 年第 6 期，第 6 页。

❸ 肖海军："商事主体入典的法例考察与模式选择"，载《北方法学》2016 第 4 期，第 77-78 页。

定的主要裁判依据等进行分析，以期对当前司法实务中公司高级管理人员身份的认定进行全面细致的分析。

（一）涉诉高管相关信息分析

1. 涉诉高管薪资

在 453 份样本案件中，裁判文书中披露高级管理人员薪酬的有 367 份。由图 1.3 可知，其一，高级管理人员年薪资水平较高，远高于普通劳动者。在涉诉高级管理人员年薪资中，最低年薪资不低于 15 万元，最高可达 115 万元，而 2020 年我国城镇私营单位就业人员年平均工资 57 727 元。❶ 相比之下，我国高级管理人员的薪资水平远高于普通劳动者。其二，高级管理人员薪酬水平差异较大。涉诉高级管理人员薪资，薪酬跨度从年薪 15 万元~115 万元不等，可见不同高级管理人员之间薪酬差异较大。其三，涉诉高级管理人员薪酬分布较为集中。其年薪大都集中在 35 万元~75 万元，高于此范畴低于此范畴的数量较少。

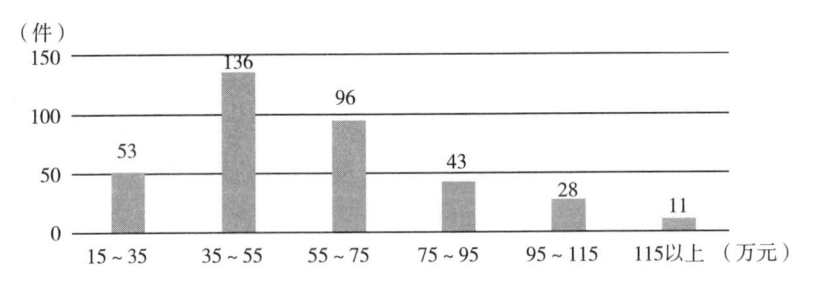

图 1.3 涉诉高管年薪酬统计

---

❶ 国家统计局："2020 年城镇私营单位就业人员年平均工资 57727 元"，载 http：//www.stats.gov.cn/tjsj/zxfb/202105/t20210519_1817668.html，最后访问日期：2021 年 7 月 20 日。

2. 涉诉高管离任原因分析

在样本案件中，裁判文书中对涉诉高级管理人员离任原因有所提及的案件数为 368 件。❶ 根据表 1.2 可知，涉诉高级管理人员离任原因中，劳动者主动离职最多，比例为 63%。其次为单位违法解除，比例为 17%。双方协商一致解除和劳动者因过错辞退比例分别为 10% 和 7%。其他原因如转岗等所占比例最小，为 3%。因此，高级管理人员对公司的日常经营管理具有一定的指挥权和控制权，在解除劳动合同时，与处于弱势地位的普通劳动者不同，高级管理人员具有一定强势地位，与用人单位解除劳动合同时具有一定的主动性。

表 1.2 涉诉高管离任原因

高管离任原因	样本案件数（件）	占比（%）
双方协商一致解除	37	10
单位违法解除	63	17
劳动者主动离职	231	63
劳动者因过错被辞退	26	7
其他	11	3

3. 小　　结

综上实证分析，笔者认为高级管理人员较普通劳动者而言，其从属性较低，劳动者弱势地位有所减弱。

首先，从经济上的从属性来说，高级管理人员相较于普通劳动者在经济上并非那么弱势。从收入水平来说，高级管理人员收入往往远高于公司的普通劳动者。此外高级管理人员通常具有较

---

❶ 样本案件中未提及离职原因包括高级管理人员并未离任的情况。

强的个人能力，属于人力资源市场的稀缺人才，[1] 在离职之后也容易找到新的工作，与传统劳动关系中的劳动者一方处于弱势地位存在区别。因此其经济上的从属性虽然存在，但较为薄弱。

其次，从人格上的从属性来说，高级管理人员具有较低的人格从属性。公司高级管理人员接受公司董事会的聘任与监督，高级管理人员与董事等同属于雇主代表的范围。因而相较于普通劳动者，高级管理人员被赋予了更多的自主权和管理权。

最后，从组织上的从属性来说，公司高管有权参与劳动规章制度的制定，与普通劳动者不同的是，公司高管受到规章制度的约束较少，因而公司高管虽具有组织上的从属性，但从量的比较上来说，则弱于普通劳动者。

（二）司法实务中高管主体范围分析

通过样本案件的实证分析可知，司法实务中认定高级管理人员主体范围具有广泛性。如表1.3所示，司法实务中既有将《公司法》第216条第1项中列明的公司经理、副经理、财务负责人和上市公司董事秘书等职位的人员认定为高级管理人

---

[1] 谢增毅："公司高管的劳动者身份判定及其法律规则"，载《法学》2016第7期，第97页。

员，也有将厂长、❶ 部门经理、❷ 部门总监（主管）、❸ 总经理助理❹等《公司法》第216条第1项中未列明职位的人员认定为高级管理人员，并且所占比例并不低。

表1.3 样本案件中高管任职情况　　　（单位：件）

	职位	案件数	总计
	未提及	36	36
《公司法》规定职位	经理	93	212
	副经理	67	
	财务负责人	39	
	上市公司董事秘书	13	
《公司法》未规定职位	厂长	18	205
	部门经理	56	
	部门总监（主管）	76	
	总经理助理	15	
	其他	40	

此外，同一职位在不同案件中有着不同的裁判认定结果。如

---

❶ 如河南省郑州市中级人民法院（2020）豫01民终11881号民事判决书、广东省江门市中级人民法院（2020）粤07民终1403号民事判决书等均将厂长认定为公司（企业）高级管理人员。

❷ 如上海市第一中级人民法院（2020）沪01民终7487号民事判决书、贵州省贵阳市中级人民法院（2020）黔01民终6605号民事判决书等均将部门经理认定为公司高级管理人员。

❸ 如江西省南昌市中级人民法院（2020）赣01民终2076号民事判决书、北京市第一中级人民法院（2020）京01民终4551号民事判决书、上海市第二中级人民法院（2020）沪02民终4220号民事判决书等均将部门总监（主管）认定为公司高级管理人员。

❹ 如四川省广安市中级人民法院（2020）川16民终1104号民事判决书等将总经理助理认定为公司高级管理人员。

37

连某与上海某科技有限公司劳动合同纠纷二审案件❶中，连某作为车间部门经理，分管车间生产经营被法院认定为高级管理人员，而在徐某与宿迁某管理服务有限公司劳动争议二审案件❷中，徐某作为总经理之下的营运经理，却不被认定为公司高级管理人员。❸可见，在司法实务中，《公司法》第216条第1项中未列明的职位能否认定为高级管理人员在司法裁判中具有一定争议性。

通过上述分析可知：其一，司法实务中认定高级管理人员并非仅局限于《公司法》第216条第1项规定的法定类型；其二，司法实务中职位因素并非为认定高级管理人员的唯一因素。

（三）司法实务中认定高管身份的主要因素

由上文分析可知，司法实务中认定高级管理身份并非只有职位这一单一因素。根据图1.4可知，在453份样本案件中有194份样本案件单以职位因素为认定高级管理人员的标准，❹占总数的43%。❺有168份样本案件综合考量职位、职权等因素认定高级管理人员，占总数的37%。❻有50份样本案件单以职权因素

---

❶ 见上海市第一中级人民法院（2020）沪01民终7487号民事判决书。
❷ 见江苏省宿迁市中级人民法院（2020）苏13民终2648号民事判决书。
❸ 类似此类案件在江苏省徐州市中级人民法院（2020）苏03民终3088号民事判决书、广东省广州市中级人民法院（2020）粤01民终10899号民事判决书等裁判文书中有所体现。
❹ 本书样本案件文书中未具体说明认定高级管理人员标准的样本案件亦归于此类。
❺ 如江苏省常州市中级人民法院（2020）苏04民终2806号民事判决书、广东省广州市中级人民法院（2020）粤01民终11797、11798号民事判决书中均以职位当然认定为高级管理人员。
❻ 如江苏省盐城市中级人民法院（2020）苏09民终2907号民事判决书中综合职位、职权等因素认定高级管理人员。

为标准认定高级管理人员,占总数11%。[1] 有9%的样本案件单以薪资、聘用文件、公司结构等因素认定高级管理人员。

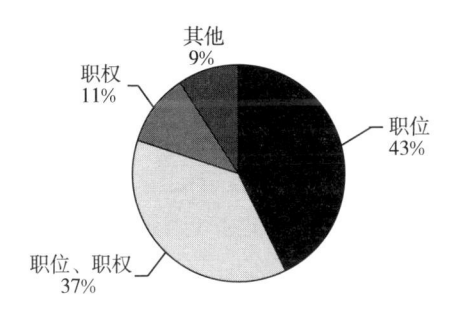

图1.4 样本案件中高管认定的主要因素

通过上述分析可知,其一,当前司法实务中并没有形成统一的认定高级管理人员考量标准。其二,当前司法实务中认定高级管理人员考量标准呈现以职位要素为主、职权要素为辅,职位与职权要素相结合的趋势。

(四)高管身份认定的主要裁判依据

在司法机关中认定高级管理人员的裁判依据中,仅有132份样本案件在裁判文书中对高级管理人员的认定阐述了裁判依据(见表1.4)。具体细分裁判依据的说理,在这132份阐明裁判依据的样本案件中,笼统地以《公司法》为裁判依据的样本案件有89份,占总数的67%。在裁判文书中阐明依据《公司法》第216条第1项而不明确引用具体内容的样本案件有7份,占总数5%。有20份样本案件引用《公司法》第216条第1项的具体内

---

[1] 如四川省广安市中级人民法院(2020)川16民终1104号民事判决书、四川省成都市中级人民法院(2020)川01民终5979号民事判决书中均以职权因素认定高级管理人员。

容而没有明确指出所引条款，占总数的 16%。有 16 份样本案件既指明依据《公司法》第 216 条第 1 项，又明确阐述该条文的具体内容，占总数的 12%。

表 1.4 裁判文书中高管认定的说理情况

裁判文书说理情况	主要理由	案件数（件）
未阐述裁判依据	无	321
阐述了裁判依据	笼统地以《公司法》为裁判依据	89
	阐明依据《公司法》第 216 条第 1 项条款而未明确引用具体内容	7
	阐明依据《公司法》第 216 条第 1 项的具体内容而未明确指出所引条款	20
	既指明依据《公司法》第 216 条第 1 项，又明确阐述该条文的具体内容	16

由此可见，在司法实务中，司法机关对高级管理人员认定的理由多数较为简单或予以省略。笔者认为主要有以下理由。其一，高级管理人员概念内涵清晰。高级管理人员属于日常生活中浅显易懂的概念，并不需要过多对其予以说明。如公司总经理、副总经理等职位，人们对认定其为高管的认知程度较高，无须过度说明。其二，高级管理人员概念内涵模糊。《公司法》仅以列举式的立法规定几个高级管理人员，而在现今社会经济生活中可被归属于高级管理人员的职位并不局限于总经理、副总经理、财务负责人、上市公司秘书等职位。此外，通过上述分析可知，司法机关以职权因素、职位加职权因素，认定高级管理人员的案件占比并不低，而依据职权、职位与职权等因素认定高级管理人员并无予以支持的具体法律规范。因此司法机关在裁判中以沉默的

方式对高级管理人员的概念外延予以扩张。

三、高管人员司法实务困境之类型化分析

公司高级管理人员，对公司经营管理事务具有实际管理权力和执行权力。在公司法视野中，公司高管既是管理者，又是被管理者；在劳动法视野中，公司高管既有雇主属性，又有雇员属性。正是由于其身份的特殊性，致使司法实务中对高级管理人员适用《劳动法》问题存在一定争议。通过对 453 份样本案件裁判文书分析，笔者发现当前高管劳动争议中，部分相同或类似案件争议焦点，却有着截然不同的裁判观点，作出不同的裁判结果。尤其在高管人员未订立书面劳动合同二倍工资纠纷和高管人员加班工资纠纷的裁判中，出现差异化判决的现象较多。基于此，笔者以样本案件中涉及高管人员未订立书面劳动合同二倍工资纠纷案件和涉及高管人员加班工资纠纷案件为研究对象，对裁判文书中司法机关的裁判观点和理由进行分析，以期呈现当前高级管理人员适用《劳动法》的司法实务现状。

（一）高管人员未订立书面劳动合同二倍工资纠纷

当前我国关于未签订书面劳动合同时劳动者的二倍工资请求权，主要规定在《劳动合同法》第 82 条，[1] 以及《中华人民共

---

[1] 《劳动合同法》第 82 条：用人单位自用工之日起超过一个月不满一年未与劳动者订立书面劳动合同的，应当向劳动者每月支付二倍的工资。用人单位违反本法规定不与劳动者订立无固定期限劳动合同的，自应当订立无固定期限劳动合同之日起向劳动者每月支付二倍的工资。

和国劳动合同法实施条例》第5~7条。❶ 就立法目的而言，立法者并非想通过"二倍工资"条款制裁未签订劳动合同缺乏合法要式的行为，"二倍工资"条款只是手段性的，换言之，它是一种倒逼机制，意在促使当事人（主要是用人单位）遵守立法对劳动合同形式的强行性规定（《劳动法》第19条、《劳动合同法》第10条第1款、第16条）。❷ 实践中用人单位的高级管理人员，因为本身的工作职责就包括与劳动者签订劳动合同，应非常清楚不签订劳动合同的法律后果。因此，其本人完全有可能为达到取得二倍工资的目的而故意不签订劳动合同，或者藏匿已经签订的劳动合同。❸ 司法实务中，高级管理人员诉求未签订书面劳动合同的"二倍工资"案件出现较多，在上述样本案件中，涉及"二倍工资"争议的案件占总数的18%。因此，高级管理

---

❶ 《中华人民共和国劳动合同法实施条例》第5条：自用工之日起一个月内，经用人单位书面通知后，劳动者不与用人单位订立书面劳动合同的，用人单位应当书面通知劳动者终止劳动关系，无需向劳动者支付经济补偿，但是应当依法向劳动者支付其实际工作时间的劳动报酬。

第6条：用人单位自用工之日起超过一个月不满一年未与劳动者订立书面劳动合同的，应当依照劳动合同法第八十二条的规定向劳动者每月支付两倍的工资，并与劳动者补订书面劳动合同；劳动者不与用人单位订立书面劳动合同的，用人单位应当书面通知劳动者终止劳动关系，并依照劳动合同法第四十七条的规定支付经济补偿。

前款规定的用人单位向劳动者每月支付两倍工资的起算时间为用工之日起满一个月的次日，截止时间为补订书面劳动合同的前一日。

第7条：用人单位自用工之日起满一年未与劳动者订立书面劳动合同的，自用工之日起满一个月的次日至满一年的前一日应当依照劳动合同法第八十二条的规定向劳动者每月支付两倍的工资，并视为自用工之日起满一年的当日已经与劳动者订立无固定期限劳动合同，应当立即与劳动者补订书面劳动合同。

❷ 王全兴、粟瑜："用人单位违法不订立书面劳动合同的'二倍工资'条款分析"，载《法学》2012年第2期，第67页。

❸ 高战胜："未签订书面劳动合同时劳动者二倍工资请求权的适用条件研究"，载《法学杂志》2012年第12期，第156页。

人员是否使用"二倍工资"条款是司法实务的困惑之一。

1. 各地处理高管适用"二倍工资"的实务规则

当前我国各地对高级管理人员适用"二倍工资"条款出台了实务处理规则。笔者根据实务处理规则的内容将其分为"支持类"和"不支持类",具体如表 1.5 和表 1.6 所示。

表 1.5 支持高级管理人员适用"二倍工资"条款的实务规则

类型	主体	文件	条文内容
绝对支持	广东省高级人民法院、广东省劳动争议仲裁委员会	2012 年《关于审理劳动人事争议案件若干问题的座谈会纪要》	第 14 条:用人单位自用工之日起超过一个月不满一年未与劳动者签订书面劳动合同,或者虽通知劳动者签订书面劳动合同但劳动者无正当理由拒不签订,用人单位未书面通知劳动者终止劳动关系的,应当按照《劳动合同法》第八十二条的规定向劳动者每月支付二倍工资
相对支持	北京市高级人民法院、北京市劳动争议仲裁委员会	2014 年《关于劳动争议案件法律适用问题研讨会会议纪要(二)》	第 31 条:用人单位高管人员依据《劳动合同法》第八十二条规定向用人单位主张二倍工资的,可予支持,但用人单位能够证明该高管人员职责范围包括管理订立劳动合同内容的除外。对有证据证明高管人员向用人单位提出签订劳动合同而被拒绝的,仍可支持高管人员的二倍工资请求
	云南省高级人民法院、云南省人力资源和社会保障厅	2015 年《关于审理劳动人事争议案件若干问题的座谈会纪要》	第三章第 8 条:用人单位未依法与劳动者订立书面劳动合同的,应当依法向劳动者支付二倍工资,但有下列情形之一的除外: …… 用人单位高管人员向用人单位主张二倍工资,用人单位能够证明该高管人员职责范围包括管理订立劳动合同内容的,但有证据证明高管人员向用人单位提出订立书面劳动合同而被拒绝的除外; ……

43

表 1.6 不支持高级管理人员适用"二倍工资"条款的实务规则

类型	主体	文件	条文内容
绝对不支持	江苏省高级人民法院	2011 年《关于审理劳动人事争议案件的指导意见（二）》	第 6 条：用人单位未与其高级管理人员签订书面劳动合同，但用人单位能够提供聘任决定或聘任书，证明双方存在劳动权利义务且已实际履行的，高级管理人员以未签订书面劳动合同为由请求用人单位每月支付二倍工资的，不予支持
	苏州市中级人民法院、苏州市劳动争议仲裁委员会	2010 年《劳动争议研讨会纪要（一）》	第四章第 3 条：应由董事会聘任或者解聘的公司经理主张未订立书面劳动合同双倍工资的，不予支持
	常州市中级人民法院	2011 年《关于印发〈关于审理劳动争议案件的指导意见〉的通知》	第 19 条：用人单位原法定代表人或主要负责人主张其任职期间未签订劳动合同二倍工资的，不予支持
	江门市中级人民法院、江门市劳动人事争议仲裁委员会	2014 年《关于审理劳动人事争议案件若干问题座谈会纪要》	第 20 条：劳动者属于用人单位的高管，如其工作职责涉及劳动合同的签订和管理，则对其离职后要求支付未签订书面劳动合同的二倍工资的请求一般不予支持
相对不支持	中山市中级人民法院	2011 年《关于审理劳动争议案件若干问题的参考意见》	第 4.11 条：对存在特殊身份或特殊情形的劳动者要求依据《劳动合同法》第八十二条支付二倍工资的，不予支持。但存在特殊身份或特殊情形的劳动者能举证证明用人单位拒绝与其签订劳动合同的除外
	惠州市中级人民法院、惠州市劳动人事争议仲裁委员会	2012 年《关于审理劳动争议案件若干问题的会议纪要》	第 25 条：用人单位未与其高级管理人员签订书面劳动合同，但用人单位能够提供聘任决定或聘任书，证明双方存在劳动权利义务且已实际履行的，高级管理人员以未签订书面劳动合同为由请求用人单位每月支付双倍工资的，不予支持

由表 1.5 可知，在支持高级管理人员适用"二倍工资"条

款的实务规则中，广东省高级人民法院对此持绝对支持的态度。在审判实务规则中并未区别普通劳动者和高级管理人员，只要存在适用"二倍工资"条款的法律事实，即可适用劳动法的"二倍工资"条款。北京市高级人民法院和云南省人力资源和社会保障厅对此则持相对支持的态度。具体而言，其首先肯定高级管理人员对"二倍工资"条款的适用，但同时以用人单位负担"高管职责范围包括签订劳动合同、人事管理"的证明责任对高级管理人员适用"二倍工资"条款加以限制，而后将"用人单位是否拒签劳动合同"的证明责任重新分配给高级管理人员。

由表1.6可知，在不支持高级管理人员适用"二倍工资"条款的实务规则中，江苏省高级人民法院、苏州市中级人民法院、常州市中级人民法院与江门市中级人民法院对高级管理人员适用"二倍工资"条款持绝对不支持态度，即只要诉求"二倍工资"请求权的主体是高级管理人员，便不予支持。中山市中级人民法院和惠州市中级人民法院则对此持相对不支持的态度，即对高级管理人员主张"二倍工资"一般不予支持，除非其能证明用人单位拒签劳动合同。持相对不支持的观点与持相对支持观点相比，将证明责任完全分配给高级管理人员，而对用人单位而言并未证明高管职责义务的证明责任。

2. 高管人员"二倍工资"司法适用情况

在453份样本案件中，有82份样本案件涉及高级管理人员主张未签订书面劳动合同"二倍工资"的争议，占总数的18%。如图1.5所示，69份样本案件中司法机关均不支持高级管理人员主张"二倍工资"的请求，占总数的84%。只有13份样本案件判决书中司法机关支持高级管理人员"二倍工资"的主张，占总数的16%。

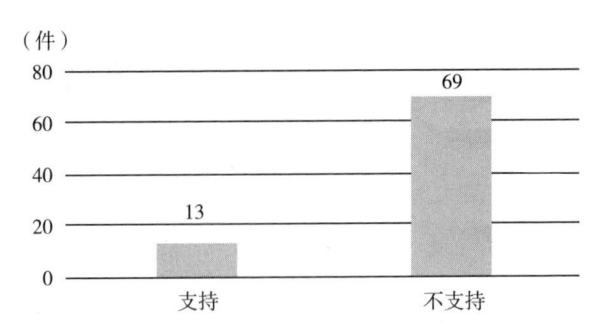

```
（件）
80                          69
60
40
    13
20
 0
     支持                  不支持
```

图 1.5　样本案件中高管主张"二倍工资"的裁判结果

笔者通过分析上述样本案件判决书的主要裁判理由，总结出三类不同的裁判理由。

（1）高级管理人员不适用劳动法中"二倍工资"条款，即身份不适用。主要裁判理由为高级管理人员不同于普通劳动者，理应知晓用人单位的各种规章制度和部门责任，应知晓其与公司之间合同签订情况，推断其在任高级管理人员期间未与公司商谈劳动合同的签订存在过错。[1] 上述案件均根据高级管理人员的职权进而加之理应知悉劳动合同签订情况和各项规章制度的责任，将未签订书面劳动合同归咎于高级管理人员的过错。

（2）高级管理人员适用劳动法中"二倍工资"条款，即高级管理人员与普通劳动者一样，平等适用该条款。主要裁判理由为与所有劳动者签订书面劳动合同是用人单位的法定义务，虽然高级管理人员在职权上与普通劳动者有所不同，但法律法规并未对其签订劳动合同作出不同规定。退一步讲，即使高级管理人员

---

[1] 如江苏省淮安市中级人民法院（2020）苏08民终2113号民事判决书、湖南省湘潭市中级人民法院（2020）湘03民终1415号民事判决书、上海市第一中级人民法院（2020）沪01民终10448号民事判决书等。

第一章　公司高管劳动法适用的困境分析

负责签订合同，亦不可能代表公司与自己签订，从用人单位规范管理的正常角度，必然应安排他人另行与之签订劳动合同。❶ 上述案件将高级管理人员与普通劳动者平等适用劳动法"二倍工资"条款，同时严格以法律条文作为裁判依据，即我国劳动法等法律法规中并没有明确规定高级管理人员不属于劳动者，不适用劳动法等法律法规。因而其作为公司劳动者，在未签订书面劳动合同的情形下，理应受到劳动法"二倍工资"条款保护。

（3）适用归责原则进行裁判，不论是否为高级管理人员身份。此类案件主要根据案件中未签订劳动合同责任归属决定是否适用高级管理人员支持"二倍工资"的主张。❷ 上述案件并不拘泥于劳动者是否为高级管理人员的身份，而是根据案件情况，对未签订书面劳动合同的事实进行归责认定，从而作出是否适用"二倍工资"的裁判。

综上分析，当前司法实务中高级管理人员是否适用劳动法"二倍工资"条款确实是当前司法裁判的一大难题。上述三类裁判理由均有一定的法理依据，限于法律并无明确规定，各地实务裁判标准不一，法官的价值判断又存在一定的差异，因而自然会作出同案不同判的差异性判决结果，导致司法适用尺度模糊。我国司法裁判应做到以事实为根据，以法律为准绳，统一相关裁判标准，做到同案同判，实现社会公平正义。

（二）高级管理人员加班工资纠纷

近年来，企业为提高自身生产效率，劳动者在正常工作时间

---

❶ 如广东省深圳市龙岗区人民法院（2019）粤 0307 民初 20193 号民事判决书、广东省深圳市中级人民法院（2019）粤 03 民终 24488 号民事判决书等。

❷ 如内蒙古自治区阿拉善盟中级人民法院（2020）内 29 民终 229 号民事判决书、山东省青岛市中级人民法院（2020）鲁 02 民终 8083 号民事判决书等。

外加班现象日益普遍，以致有媒体将此称为"996"工作制。❶❷当前我国《劳动法》第 44 条、《工资支付暂行规定》第 13 条、《关于企业实行不定时工作制和综合计算工时工作制的审批办法》等法律法规均对劳动者加班工资进行了规定，其立法本意是防止用人单位利用自身强势地位对劳动者进行额外用工。

然而对于公司高级管理人员而言，其在工作时间、工作内容、工作方式、工作薪酬等方面明显不同于普通劳动者。如上文分析，高级管理人员的劳动关系从属性较弱，薪酬较高，对用人单位的经济依赖程度较低。因而高级管理人员是否适用法律规定的"加班工资"规定，在司法实务中具有不同的判决观点。

在 453 份样本案件中，有 95 份案件涉及公司高级管理人员加班工资纠纷。如图 1.6 所示，有 13% 的裁判文书中司法机关对高级管理人员主张加班工资的诉求予以支持，但绝大多数司法机关仍对高级管理人员的加班工资不予支持。

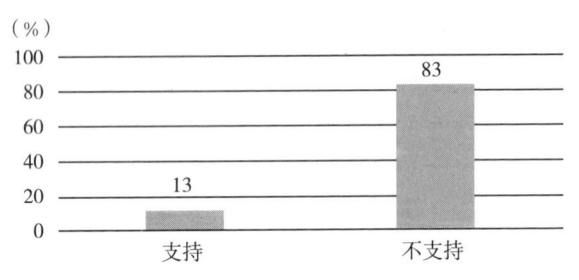

图 1.6　样本案件中高管主张加班工资的裁判结果

---

❶ "996"工作制即"上午 9 点上班、晚上 9 点下班、每周工作 6 天"的工作模式，载 https：//baike.baidu.com/item/996% E5% B7% A5% E4% BD% 9C% E5% 88% B6/19940031?fromtitle=996&fromid=19958311&fr=aladdin，最后访问时间：2021 年 7 月 23 日。

❷ 任然："被'996'围困的年轻人，像是定好闹钟的机器"，载《中国青年报》2019 年 4 月 2 日，第 2 版。

第一章 公司高管劳动法适用的困境分析

笔者通过对上述案件的实证分析,总结出司法机关对高级管理人员加班工资争议的主要裁判理由。

(1) 基于高级管理人员身份而不适用加班工资规定。司法机关在审判时,依据高级管理人员的身份特征,认定其工作适用不定时工作制,故而不适用加班工资的规定。此外,高级管理人员工资较高,实行年薪制,薪酬中包含加班工资;高级管理人员工作时间较为自由,难以区别上班时间和加班时间。❶ 通过裁判理由可知,司法机关不支持高级管理人员加班工资的请求,主要基于高级管理人员身份的特殊性。法院在裁判此类案件时都对当事人高级管理人员的身份予以确认,而后阐述高级管理人员相较于普通劳动者的不同。

(2) 不根据身份差别适用加班工资规定。只要存在加班事实,无论是否高级管理人员,均可获得加班工资。尽管高级管理人员获得了较高的工资收入,但其也是凭其劳动及能力获得报酬的劳动者,如果存在加班事实,也应当获得相应的加班工资。❷ 原劳动部颁布的《关于企业实行不定时工作制和综合计算工时

---

❶ 相关案件见江苏省常州市中级人民法院(2020)苏04民终2806号民事判决书、上海市第二中级人民法院(2019)沪02民终8482号民事判决书、广东省深圳市中航人民法院(2018)粤03民终6145号民事判决书等。
❷ 相关案件见陕西省西安市新城区人民法院(2020)陕0102民初1000号民事判决书、天津市中级人民法院(2019)津01民终351号民事判决书、新疆维吾尔自治区乌鲁木齐市中级人民法院(2019)新01民终4396号民事判决书。

工作制的审批办法》第 4 条❶只规定公司高级管理人员"可以"实行不定时工作制，而非"应当"实行，因而高级管理人员并不当然实行不定时工作制，并不当然不适用加班工资的规定。对于采用标准工时制的高级管理人员，可以适用加班工资。

（3）以双方劳动合同约定为准。在劳动合同中，如若约定适应不定时工作制，无论是否高级管理人员，都不适用加班工资。如若采用标准工时制，即使是高级管理人员，也应对其支付加班工资。❷采取此种观点，是为尊重劳资双方意思自治，同时亦遵照法律的规定予以认定，兼具灵活性和科学性。

综上分析，当前我国立法对不定时工作制规定较为简单，加之相关立法制定时间过早，无法解决时间中出现的大量新问题、新情况，致使高级管理人员是否适用不定时工作制在司法实务中存在差异判决。我国从立法上着手，根据劳动者分层理念，明晰高级管理人员的适用，通过细化不定时工作制中劳动者的工作内容和工资标准，推动不定时工作制差别化适用。❸

---

❶《关于企业实行不定时工作制和综合计算工时工作制的审批办法》第 4 条：企业对符合下列条件之一的职工，可以实行不定时工作制。

（一）企业中的高级管理人员、外勤人员、推销人员、部分值班人员和其他因工作无法按标准工作时间衡量的职工；

（二）企业中的长途运输人员、出租汽车司机和铁路、港口、仓库的部分装卸人员以及因工作性质特殊，需机动作业的职工；

（三）其他因生产特点、工作特殊需要或职责范围的关系，适合实行不定时工作制的职工。

❷ 相关案例见浙江省宁波市中级人民法院（2020）浙 02 民终 2326 号民事判决书等。

❸ 李亘："不定时工作制加班工资问题的法律分析与应对——以美国'白领豁免法案'为参考"，载《中国政法大学学报》2020 年第 5 期，第 139-148 页。

四、实证分析小结

根据上述实证分析,得出以下结论。

(一) 高级管理人员的弱势地位并不明显

劳动者的弱势地位主要通过其从属性表现出来,从属性较弱则证明劳动者弱势地位并不明显。以劳动关系从属性的标准分析公司高级管理人员地位。在人格从属性上,普通劳动者的固定工作时间不同,公司高管通常负责公司内部日常监督和管理工作,工作时间通常相对自由和弹性,能较为自主地支配安排自己的工作,同时,相较于普通劳动者来说,公司高管拥有更多的话语权,其负责监督管理普通劳动者,拥有录用与解聘的权力。因而高级管理人员人格从属性较弱。在经济从属性上,高级管理人员薪酬远高于普通劳动者,具有较高的业务能力,对单一公司依赖程度并不强,故而经济从属性较弱。在组织上的从属性上,公司高级管理人员有权参与劳动规章制度的制定,与普通劳动者不同,公司高管受到规章制度的约束较少,因而公司高管组织从属性较弱。

较弱的从属性使高级管理人员已然模糊了劳动者弱势的一般假设,甚至在某些情况下高级管理人员处于相对强势的地位。高级管理人员虽兼具劳动者和管理者的身份,但其核心职能在于其管理能力,同时这种管理能力对于公司的发展来说至关重要。因此,如果在实践中,忽略公司高管身份的特殊性,不仅会阻碍其管理职能的实现,也会给劳动法的适用造成不利的影响。

(二) 不同法律体系下高管身份的冲突

当前我国高级管理人员受劳动法与商法双重法律体系规制。

在劳动法体系下，公司高级管理人员定位为劳动者。公司高级管理人员受公司董事会聘任，并与其签订劳动合同，适用劳动法相关规范的调整。在商法体系下，公司高级管理人员定位为管理者。公司高管人员与公司之间是委任关系，高管人员管理公司的日常经营活动，对公司董事会负责，适用商法相关规范的调整。

劳动法体系与公司法体系有诸多不同。就规范内容而言，劳动法倾斜配置给单位诸多义务，赋予劳动者更多权利。而商法多强调高级管理人员诸多权力的限制，要求以履行忠实和勤勉义务。在立法目的上，公司法以规范公司内部权利配置为其出发点，而劳动法则以倾斜保护劳动者为其旨归。

置身于不同法律体系下的高级管理人员兼具"被保护权利"和"被限制权力"的多重身份。劳动法律规范和商事法律规范在高级管理人员适用上，存在交叉规制、相互冲突的困境。在司法实务中也由此体现。如法院在裁判高级管理人员劳动争议案件，认定高级管理人员身份时，大都引用《公司法》的法律规定认定。由此造成司法实务中高级管理人员适用劳动法的困境。

（三）各地司法裁判的尺度不一

当前我国对高级管理人员适用劳动法问题尚未形成统一的裁判尺度。在高级管理人员适用劳动法的诸多案件中，如未签订书面劳动合同是否适用二倍工资条款、加班工资、劳动合同继续履行等争议，均存在不同的裁判观点和裁判尺度，使得司法实务中出现差异性裁判结果。

当前我国应对不同裁判规则予以整合，统一裁判观点和裁判尺度，在高级管理人员适用劳动法问题上做到同案同判，实现司法公正。

第一章　公司高管劳动法适用的困境分析

第二节　公司高管劳动争议焦点

通过上述相关案件实证分析可知，公司高管与公司之间的劳动争议，尽管涉及的具体问题范围较广，但他们的争议焦点主要有以下方面。

一、公司高管的范畴和法律属性的界定问题

(一) 公司高管的范畴问题

目前在我国劳动立法领域，对于公司管理人员并未有明确的定义，主要在《中华人民共和国公司法》（以下简称《公司法》）第216条第1项对公司高管作出了规定，将其主要分为以下三种类型：(1) 经理、副经理、财务负责人；(2) 上市公司的董事会秘书；(3) 公司章程规定的其他人员。

《证券公司董事、监事和高级管理人员任职资格监管办法》[1] (以下简称《监管办法》) 对公司高管也作出了规定，大体上与《公司法》相同，但就公司高管的种类和表述方面进一步予以细化：(1) 关于证券公司的高管范畴在一定程度上缩小了，相较《公司法》的表述，《监管办法》将经理变为总经理；(2) 新增加了合规负责人、实际履行职务的人，以及行使经营管理职责的管理委员会、执行委员会以及类似机构的成员。由此看来，《监

---

[1] 《证券公司董事、监事和高级管理人员任职资格监管办法》第2条规定："证券公司董事、监事和高级管理人员的任职资格监管适用本办法。本办法所称证券公司高级管理人员（以下简称高管人员），是指证券公司的总经理、副总经理、财务负责人、合规负责人、董事会秘书以及实际履行上述职务的人员。证券公司行使经营管理职责的管理委员会、执行委员会以及类似机构的成员为高管人员。"

管办法》将实际履行公司高管职责的人也规定为公司高管，在一定程度上对公司高管的界定更为灵活、细致，同时也摆脱了公司高管的表述仅仅局限于职称或职务的称呼。

尽管如此，《监管办法》主要适用于证券公司，行业的特殊性也使得该规定不能直接适用于其他行业，同时，《公司法》和《监管办法》也是仅仅用列举的方式规定哪些人属于公司高管，仍未对公司高管的含义予以规定。这样列举的方式会在实践中造成公司高管界定的混乱。在现实中，如果按照"经理""副总经理"职称来判断是否属于公司高管，往往就会造成一个公司可能大部分员工都是公司高管，这不但使用于区分普通劳动者和公司高管的立法本意得不到满足和具体体现，而且也很难适应现实中解决相关劳动纠纷的需求。

(二) 公司高管法律属性的界定问题

在当前公司所有权和经营权相分离的背景下，公司高管的身份具有多面性，作为公司的实际管理者，其综合实力远远超过普通劳动者，根据公司高管掌握的信息和资源，几乎和公司处于同等地位，直接将其认定为劳动法中的"弱势群体"有悖于常理；但是公司高管须与公司签订劳动合同，从用人单位与劳动者的身份关系这一角度来说，公司属于用人单位，公司高管则属于劳动者。学界对于公司高管的法律属性，存在以下两种观点。

1. 公司高管的劳动者属性

劳动者具有以下三个显著特征：第一，在雇主指挥要求下从事特定工作内容；第二，通过完成指令性工作获取劳动报酬；第三，具有独立人格的自然人。❶ 而公司高管满足劳动者所具备的这三个显著特征，首先，公司高管隶属于公司，并从事公司日常运营和其他相关事务的管理。公司高管通常属于董事会任命的人员。同时，他们还需要执行董事会的决议。本质上，就像其他员工一样，他们是公司内部组织的成员。其次，公司高管通过完成公司交付的任务获得报酬。与此同时，公司高管在经济方面具有从属属性。"经济上的从属性是指受雇人被纳入雇主经济组织与生产结构之内，但与受雇人和雇主间之经济或财政状况无关。经济上之从属性主要在于受雇人并不是为自己之营业而劳动，而是从属于他人，为该他人之目的而劳动，自己仅获得劳动报酬。"❷ 相较于其他劳动者而言，尽管公司高管具有这样的特征，一是薪酬很高，二是有相关的管理职能，三是与雇主关联度较高。然而不可否认，他们受雇于董事会，通过完成公司交付的任务获得报酬，同样具有经济上的从属性。

2. 公司高管的雇主属性

雇主在劳动法中的法律地位主要体现在他们行使工作权力和对雇员的指示。管理层对公司事务有一定程度的自由裁量权和控制权。一些学者认为，在理想化的法律规划中，公司经理的地位是有限的。他们只负责执行董事会的政策和董事会做出的决定，而不是公司系统的决策者。然而，在实践中，公司经理的地位和自由裁决的权力远远超出了法律规划的假设。❸ 即使公司高管是公司雇用的员工也不同于普通员工，因为他们享有广泛的权力，

---

❶ 常凯：《劳动权论——当代中国劳动关系法律调整研究》，中国劳动社会保障出版社2004年版，第119页。

❷ 黄越钦：《劳动法新论》，中国政法大学出版社2003年版，第95页。

❸ 施天涛：《公司法论》，法律出版社2006年第2版，第352页。

可以在一定程度上代表"雇主",对公司的日常事务负责,享有广泛的权力与影响。[1]公司的内部管理和管理能力需要由公司的管理人员以管理权力和决策权力的形式来实现。公司高管通常了解管理、专业和技术。在董事会的任命和授权下,他们具有相对的独立性,能够开展工作,在一定程度上是代表用人单位行使管理权。例如,董事会任命厂长。当然,厂长属于公司的高管,有相当独立的能力管理全厂的业务。经理是代表雇主从事公司人力资源管理的部门主管。可以看出,在某种意义上,公司高管不同于普通工人,他代表雇主管理某些领域的事务,拥有相对独立的权力,是雇主的代理人,与雇主有相同的利益,具有雇主属性。

二、公司和高管之间的法律关系界定问题

对于公司与高管之间的关系,学界存在不同的观点,主要有以下三种。

(一)劳动关系说

由于我国劳动法律并未对公司高管和普通劳动者作区别,即在法律适用上,公司高管并不存在明文规定的特殊性,不论《劳动法》还是《劳动合同法》,都是将公司高管纳入劳动者范畴。与公司发生劳动争议时,即使是作为公司的总经理、董事长,在法律地位上仍然属于公司的员工,与普通劳动者一样适用劳动法,并无任何特殊之处。有学者认为公司高管与公司之间就是劳动关系。由于公司高管享有特殊的地位,他们享有的权利和义务自然要高于普通工人,但是公司高管仍属于雇员类别。与雇

---

[1] 谢增毅:"公司高管的劳动者身份判定及其法律规则",载《法学》2016年第7期,第96页。

主相比，公司的高级管理层是建立劳动合同关系的劳动者。

(二) 代理关系说

公司高管与公司之间应当为民事代理关系，并不存在劳动关系，故不应受到劳动法的保护。❶ 首先，根据《公司法》第46条规定，董事会有权聘任公司高管，根据公司的发展赋予公司高管相应职权，同理，董事会也有权解聘公司高管，在此种情形下，就不适用《劳动合同法》的有关规定，公司高管与公司之间也不是隶属关系，不需要特定理由来解聘公司高管。同时，基于委托代理合同的约定，双方均可以解除合同。其次，委托代理合同是因为公司高管与公司之间基于相互信任，公司高管了解公司的规模、文化，看好公司发展，公司看中其管理能力、经验，进而双方达成合意，签订合同后，公司高管需要遵守公司的规章制度，具有勤勉、忠实的义务，也符合委托代理合同的构成要件。最后，劳动者一直以来都处于弱势地位，受劳动法保护，但公司高管在各方面都强于普通劳动者，与公司所处地位几乎相同，不宜将公司高管作为弱势群体。

(三) 竞合关系说

在学者当中较为主流的观点认为，公司高管与公司之间既存在劳动关系也存在代理关系，处于两种关系竞合的状态。公司高管是雇主和雇员之间的特殊群体。高管在劳动和地位上都是双重的。他们既有雇主的属性，也有雇员的属性。❷ 对普通劳动者而

---

❶ 王学华："公司高级职员与劳动者的身份界定"，载《中国人力资源开发》2006年第4期，第108页。

❷ 李凌云："高级管理人员的劳动关系定位"，载《中国劳动》2007年第7期，第24页。

言，公司高管对公司有管理权，且代表着公司的利益，但对公司来说，公司高管又属于劳动者，故公司高管同时具有双重属性。

三、公司高管劳动争议法律适用问题

对公司高管的劳动法定位问题，我国目前没有作出特别规定，也未排除公司高管适用劳动法。

对于公司高管劳动争议的法律适用问题，目前学界存在以下三种观点。

（1）公司高管劳动争议可以适用劳动法。提出这一理论的学者认为，尽管公司的高层管理人员在某种程度上是强大的，但他们不能否认公司的高层管理人员是从属于公司的，因此他们认为公司的高层管理人员属于员工类别并且可以由劳动法调整。为了平衡利益，主张劳动关系的学者希望通过赋予高级管理人员更多的义务来实现这种关系。这是在充分理解高级管理人员的特殊性的基础上提出的。但是，这种"一刀切"地认为高级管理人员身份是劳动力，导致无法很好地解决实际问题，并将劳动法适用于高级管理人员带入困境。

（2）公司高管劳动争议不适用劳动法。持这种观点的学者认为，公司高管的劳动争议不能适用劳动法的原因是公司高管具有雇主的属性。与普通工人不同，他与公司有着平等、平行的民商事法律关系。也就是说，公司高管与公司之间的关系是一种代理法律关系。这是一种民商事关系，而不是劳动关系。公司高管与普通员工有着根本的区别，前者的议价能力和经济实力的优势十分明显。公司高管不应受到劳动法的特别保护，这符合劳动法

的倾斜保护原则。❶

（3）对公司高管类型化，分别适用劳动法。目前，随着劳动关系的不断发展，劳动法中对雇主和劳动者的定义也发生了相应的变化。随着法律的不断完善和更加专业化，雇主的含义可能会从不同的角度理解有所不同。公司管理的定义应分为两部分。一方面，具有雇主特征的公司高管拥有相当强的地位，排除适用更有利于劳动法对弱者的保护，突出了劳动法的基本精神。另一方面，劳动法的适用应部分排除那些与雇主关系不密切但地位相对较高的公司高管。对于普通公司高级管理人员来说，公司与公司之间的劳动关系应该保留更多的私法空间，不应该过分干涉，而应该更好地体现私法自治的原则。❷

第三节　公司高管适用劳动法之困境

我国劳动法将公司高管视为劳动者，未根据其特性而与普通劳动者相区别，公司高管可能会利用自己的地位和权利，引发诸多扭曲的现象，如现实中有些公司高管为自己谋取天价薪酬却恶意不签订劳动合同，从而获得二倍工资差额；要求天价的解约赔偿金；等等。实践中公司高管适用劳动法的困境具体有以下方面。

---

❶　谢天长、王全兴："董事长与公司有劳动关系吗——从前董事长凤某因薪酬诉卧龙公司案谈起"，载《中国劳动》2009年第8期。

❷　张冀飞：《公司管理人员的劳动法适用问题研究》，华东政法大学2012年博士论文，第7页。

一、劳动合同制度的适用困境

(一) 未签订书面劳动合同二倍工资的适用

由于公司高管的身份具有双重性，一方面，公司高管需要代表公司和普通劳动者签订劳动合同；另一方面，公司也要和公司高管签订劳动合同，对于部分公司高管而言，比如人力资源总监，其本身的工作就是作为公司的代表，负责劳动合同的签订，也就会出现他们要自己和自己签订劳动合同的情况。

这样很容易产生道德风险，公司高管如果自己未签订或续订劳动合同，导致公司承担支付其二倍工资的责任，站在公司的角度来看，这对公司而言既不公平，也不符合情理和逻辑。首先，由于其公司高管的特定地位，公司对其签订或续订劳动合同情况难以进行有效督促，尤其是公司高管恶意不与公司签订或续订劳动合同时，就会导致公司利益受到损害，公司高管获得不正当利益；其次，公司高管的工资相较于普通劳动者来说又比较高，让公司支付不签订劳动合同的二倍工资，金额往往高达数十万元甚至成百上千万元，对公司可谓一大笔支出，甚至可能会影响公司的发展。

(二) 劳动者单方解除劳动合同的适用

公司高管被视为一个公司的核心人力资本，公司聘请他们是希望其管理经营的过程中，为公司创造出更高的经济利益，也就是说，公司高管掌握着公司的商业机密，不会存在信息不对称的情况，也不会因此产生损害公司高管利益的情形。同时，对公司来说，高管作为管理者，往往是难以代替的，对公司发展具有至关重要的作用。

第一章　公司高管劳动法适用的困境分析

由于我国劳动法规定了劳动者享有单方面解除劳动合同的权利，公司高管又属于劳动者，意味着其也能够单方面解除劳动合同。但是如果让公司高管也拥有单方面解除劳动合同的权利。首先，公司很难在短时间内找到可以接任公司高管的合适人员，且能在一个月内熟悉公司高管的全部工作流程，对公司经营极为不利。其次，身为公司的实际管理经营者，公司高管拥有普通劳动者所不具备的风险预测能力，给几乎和公司处于平等地位的公司高管单方面解除劳动合同的权利，如果不法之人借此机会为自己谋取私利，将会对公司造成难以估量的损失，甚至有的公司高管会在辞职之后，利用在原公司获得的便利条件，损害原公司利益。目前我国的劳动法在赋予劳动者单方面解除劳动合同的权利时，还未考虑到此类事件的发生。

（三）劳动合同继续履行的适用

我国《劳动合同法》48条[1]规定了如果公司等用人单位违法解除劳动合同的，劳动者拥有选择权，其可以要求用人单位继续履行劳动合同，即恢复劳动关系或者要求用人单位向其支付经济赔偿金。当然，如果劳动者选择要求用人单位继续履行劳动合同，则前提是劳动者和用人单位签订的劳动合同可以继续执行。

该规定适用于公司高管时，一方面，当公司的高级管理人员无能为力且无法获得公司与他签订的劳动合同时预期的利益时，公司不能直接解雇他，因为这样一来，公司将构成非法解雇，公司将需要向公司高级管理人员支付财务补偿。另一方面，在实践

---

[1] 《劳动合同法》第48条规定，用人单位违反本法规定解除或者终止劳动合同，劳动者要求继续履行劳动合同的，用人单位应当继续履行；劳动者不要求继续履行劳动合同或者劳动合同已经不能继续履行的，用人单位应当依照本法第87条规定支付赔偿金。

中，公司高管大多是作为公司或者核心部门的管理者，职位越高，对高管需要具备的管理能力的要求也越高，和公司之间的匹配度要求也越高，而要达到这样的要求，很难仅通过培训或调岗予以实现。基于对公司高管身份的特殊性考虑不周全，如果公司高管主张公司违法解除劳动合同，进而要求继续履行，公司等用人单位就处于十分不利的被动地位。

（四）加班工资的适用

一般来说，普通劳动者的工作是确定的和固定的，工作量也可以根据工作时间来计算，但公司的高级管理人员有所不同。他们从事的大部分工作是管理经营类的，这很复杂且不固定，仅根据工作时间来衡量工作量就很困难。而实践中大多依据工作时间来计算一个劳动者的加班工资，在我国《劳动法》第44条已有详细规定。

根据原劳动部出台的《关于公司实行不定时工作制和综合计算工时工作制的审批办法》规定，公司可以对公司高管采用不定时工作制来计算其工作收入，但是需要公司向其所在地人力资源与社会保障局进行申请并审批同意。此办法实际上并没有明确限制适用不定时工作制的公司高管的范围，同时申请的程序又比较烦琐，导致现实中公司高管适用不定时工作制的现象并不多，也并没有限制公司高管申请加班费用的权利。

如果公司高管和普通劳动者一样，不受任何限制适用关于加班工资的规定，那么，在实践中就可能会出现大量公司高管利用职权编造加班理由以获取大量加班费的情形。正因为公司高管的工资结构与普通劳动者不同，大部分实行的是年薪制，所以如果对公司高管不加限制地适用加班工资制度明显不合适。

第一章　公司高管劳动法适用的困境分析

（五）经济补偿金的适用

经济补偿金又称为离职费或遣散费，是劳动合同解除或终止时，用人单位在法定条件下应当按照法定标准向劳动者支付的经济补偿金。❶ 经济补偿金体现了劳动法倾斜保护劳动者的基本原则，以形式上不平等的方式来追求实质意义上公平公正。由于经济补偿金一般是以劳动者本人解除劳动合同前十二个月的平均工资为计算标准，而公司高管往往都是属于高薪阶层，具有较强的职场抗风险能力，如果公司高管适用劳动法关于经济补偿金的规定，则会产生高额的经济补偿金，对用人单位造成不公平。

尽管我国《劳动合同法》第47条❷对高收入者经济补偿金实行两个封顶，包括期限封顶和工资封顶，从时间计算上进行了12个月的限制，从工资计算基数上规定不得高于平均工资的3倍。这种规定在一定程度上扭转了不公平的现象，但公司高管往往拥有职务上的便利，如果其从有利于自己的角度进行操作，利用自己的职权使自己能够适用经济补偿金条款，此种情形下，再适用经济补偿金条款，对用人单位来说也是不公平的。

（六）劳动合同期限的适用

关于签订无固定期限劳动合同的情形，我国《劳动合同法》第14条予以明确规定，该条款制定的目的在于保护处于弱势地

---

❶ 王全兴：《劳动法》（第三版），法律出版社2008年版，第183页。
❷ 《劳动合同法》第47条规定："经济补偿按劳动者在本单位工作的年限，每满　年支付一个月工资的标准向劳动者支付。六个月以上不满一年的，按一年计算；不满六个月的，向劳动者支付半个月工资的经济补偿。劳动者月工资高于用人单位所在直辖市、设区的市级人民政府公布的本地区上年度职工月平均工资三倍的，向其支付经济补偿的标准按职工月平均工资三倍的数额支付，向其支付经济补偿的年限最高不超过十二年。本条所称月工资是指劳动者在劳动合同解除或者终止前十二个月的平均工资。"

位的劳动者的基本劳动权利。但是公司高管与普通劳动者相比，并不处于弱势地位，如果公司高管在履行职责的过程中无法胜任其职务，但其又符合签订无固定期限劳动合同的条件，公司则陷入两难境地，若公司选择和高管签订无固定期限劳动合同，那么必会给公司带来负面影响，甚至有碍于公司未来的发展；若公司不与高管签订无固定期限劳动合同，又要面临巨额的赔偿金的风险。

因此，在实践中，如果公司高管无差别地完全适用关于签订无固定期限劳动合同的规定，必然会影响公司的经济效益，不利于公司的长期发展。

(七) 违约金条款的适用

目前我国《劳动合同法》关于违约金制度，存在两种由劳动者承担违约金的情况：一种是劳动者违反培训服务期；另一种是劳动者违反竞业禁止和保密义务。除这两种规定之外，其他情形不得约定由劳动者承担违约金。不论是从条约的缔结还是从企业的管理方面，用人单位一直比劳动者具有优势，因此要严格限制违约金的适用。但是，就公司高管而言，他们相对于公司不一定处于弱势地位，反而是在知识和经验方面具有优势。目前，公司高管人才稀缺，为了自身的发展，公司提出了有利条件，吸引优秀人才加入公司。同时，市场需求和自身条件也将成为公司高管更换工作的资本。如果公司高管频繁辞职或跳槽，将会给公司利益带来重大损害。如果对此不加以限制，将会令公司高管违约成本过低，就很可能会出现公司高管为了获取更大的利益而任意违约的情况。为了不影响公司的发展和稳定性，应将公司高管和普通劳动者适用违约金条款有所区别。

二、集体劳动关系的适用困境

从历史的发展来看,工会在促进劳动立法方面起着非常重要的作用。工会代表工人的合法利益,并通过对雇主的监督和与雇主的集体谈判来实现其目标追求。目前,我国的劳动法规定公司的高级管理人员是普通劳动者,因此公司的董事长、总经理、副总经理和其他高级管理人员也可以参加工会活动。尽管我国的《工会法》限制了工会委员会成员的资格,但它也只是限制了公司高级管理人员的近亲,并没有对公司高级管理人员施加任何限制。

总的来说,公司高管的文化水平、技能和管理经验要高于普通工人。在此基础上,公司高管在工会中还担任领导职务也较为常见。但是,如果最高管理者着眼于自己的利益,那么他们将比雇员的利益更倾向于公司的利益,甚至某些最高管理者本身就是公司的股东。这违背了工会的初衷,过分强调了公司管理层的地位,对处于相对弱势地位的工人的保护却极为不足。在工会职能不振的情况下,允许公司高管参加工会活动不利于团结普通工人,也使工会难以充分发挥保护工人权益的作用。

三、职务变动的适用困境

我国《劳动合同法》明确规定,如果用人单位认为劳动者不胜任工作,可以调整其工作岗位,如果仍不能胜任时,才可以与其解除劳动关系。对于劳动者而言,工作是其谋生的手段,当劳动者不胜任工作时,对其调岗,实际上是多给予劳动者一次机会,对其予以倾斜保护。

但是，这一规定在适用于公司高管时并不合适，一方面，公司选择聘用一位公司高管，往往就是看中其工作经验和工作能力，需要通过其管理经验，让公司的发展更上一层楼，为公司争取更多的利益，带领公司发展，能够领先于行业中的其他公司。也就是说，公司聘任公司高管是因为其与这个职务的匹配度很高，在这种情形下，一旦公司认为公司高管不胜任此工作，要对其进行职务变动，在一定程度上就与当初聘用其目的不符。另一方面，公司高管无论是学历、能力还是工作经验，都比普通劳动者具有优势，给予公司高管多一次机会，其实对其而言并不是十分必要，因其完全有能力去获得新的工作机会，不会影响到基本的生活。公司高管如果也适用关于职务变动的规定，不仅不利于保护实际需要保护的普通劳动者，而且在一定程度上也会对公司的正常经营造成影响，让公司处于风险当中。

四、劳动基准法适用的困境

我国的劳动基准法主要涉及工时制度、休息休假、工资保障制度、劳动安全卫生制度以及休息休假制度等内容，劳动基准法的订立就是为了防止公司等用人单位在与劳动者订立劳动合同时，利用其优势地位，故意降低劳动条件。具体来说，为保证劳动者休息和劳动能力，我国普遍实行劳动者标准工时制度。[1] 劳动者每天工作的时间不得多于 8 个小时，每周工作的时间不得多于 44 个小时，此外每周至少要保障劳动者休息 1 天，这样详细地列举了工作时间和规定休息时间，就是为了保障处于弱势地位

---

[1] 郭杰："不定时工时制法律风险控制"，载《中国劳动》2015 年第 13 期，第 48 页。

的劳动者的基本权益，但对于公司高管而言，工作时间较为自由，且其具有自主决定性，故工时制度、休息休假制度在一定程度上对公司高管来说是不适用的。

另外，最低工资保障制度是为了满足劳动者及其赡养人口的最低生活条件，现实生活中，公司高管的薪资水平往往是普通劳动者的数倍甚至数十倍，有的还会有公司分红、期权利益等收益，而普通劳动者的收入来源往往就是基本工资及固定的年终奖，与公司高管相比差距极大。公司高管适用最低工资保障制度，违背了该制度设立的初衷。

第四节　公司高管劳动法适用困境的原因分析

一、未将公司高管与普通劳动者区别对待

目前，劳动关系涉及两方主体为用人单位与劳动者，劳动法仅注重用人单位和劳动者的纵向差异，即把用人单位与劳动者放在对立的位置，而忽略了劳动者这一群体会由于学历、工作经验、技能水平等因素而有所不同，这日益扩大的内部差异，也在实质上造成了不平等。将劳动者这一群体不加区分，一概而论视作抽象的群体，不仅会导致不同劳动者之间的不同诉求得不到正确处理，而且会使劳动立法中的价值目标，如倾斜保护劳动者、实质平等保护难以实现。

正是因为劳动法没有考虑到公司高管的特点，对其适用特殊规定予以规制，因此，在实践中不可能恰当地调整公司高管的劳动关系。

二、忽略公司高管身份的特殊性

普通劳动者的工作时间固定，能够按时上下班，依照规定节假日正常休息，同时出勤情况比较容易被量化和监督，公司高管通常负责公司内部日常监督和管理工作，工作时间通常相对自由和弹性，不能单一地用工作时长这一标准来衡量他们的业绩。相较于普通劳动者来说，公司高管拥有更多的话语权，其负责监督管理普通劳动者，拥有录用与解聘的权力。

笔者认为，公司高管核心职能在于其管理能力，同时这种管理能力对于公司的发展来说至关重要，一个拥有丰富管理经验的公司高管甚至能够决定公司的存亡。因此，如果在实践中，忽略公司高管身份的特殊性，不仅会阻碍其管理职能的实现，也会给劳动法的适用造成不利的影响。

三、劳动法与公司法的适用存在冲突

我国的《劳动法》与《公司法》分属于不同的部门法，两者的立法目的截然不同，《劳动法》属于社会法领域，强调的是非经济效益，且有着强烈的国家干预色彩，以维护社会利益为本位，而《公司法》属于私法领域，强调的是以营利为核心内容，建立高效的运营机制，实现价值最大化，并且也较少受到公权力的介入。

对于公司高管的相关问题，我国的《劳动法》与《公司法》更是基于不同的价值取向，进而制定出不完全相同的规定。劳动法强调对弱者倾斜保护来平衡双方权义各项，更多地通过国家公权力介入用人单位和劳动者之间的劳动关系，而公司法对公司高管强调的是意思自治和平等保护。在现行的法律体系下,公司高管与劳动者一样,作为整体纳入劳动法适用范围,因此,公司高管同时受劳动法和公司法的双重调整,但涉及公司高管的法律规定并非完全一致,从而导致公司高管在法律适用上产生冲突。

四、劳动法规制缺乏灵活性

《劳动合同法》实施以来,一直站在制度发展的十字路口。未来的发展方向和方法需要对灵活监管的性质、目标和途径有一个全面和深入的理解。❶《劳动法》《劳动合同法》等法律法规实施以来,主要目的是维护和谐稳定的劳动关系。为了安全,就适用范围而言,它采取了一种无歧视的原则性和僵硬的立法。缺乏灵活性的方法和调整策略与劳动力市场的灵活性要求不匹配。

五、劳动法立法思路与企业人力资源管理衔接不足

劳动法立法思路是以社会利益为本位,倾斜保护劳动者,充分考虑劳动者的利益,同时,劳动法对企业人力资源管理起着指导和规范作用。如今劳动法粗略地将劳动者看作一个整体予以调整和保护,这样会很容易忽略掉一部分劳动者的诉求和利益,也会在一定程度上予以一部分劳动者过度的保护,这都会使用人单位承担较大的风险。很显然,造成上述问题的主要原因是劳动立法思路存在缺陷,这样抽象的保护在实践中难以解决劳资纠纷,甚至会加大劳动者内部的不平衡,不利于劳动关系的和谐发展。

---

❶ 王天玉:"劳动法规制灵活化的法律技术",载《法学》2017年第10期,第77页。

笔者认为，考虑到目前劳动法立法思路的不足，为了更好地与企业人力资源管理相衔接，劳动者应分类管理、区别对待，制定特殊规则来调整公司高管这一特殊群体。

第二章 劳动法上的劳动者与公司高管法律地位分析

对任何法律问题的分析都不可脱离一国实证法规范，公司高管法律地位的分析更是如此。由于涉及公司法与劳动法两个分属商法与社会法的领域，因此更应小心仔细梳理我国的实证法。在对不同法律领域法律规范的对比分析中，发现其中存在的困境与问题，并尝试指明解决问题的可能方向。

第一节 劳动法上劳动者资格的判定与从属性标准

要明晰公司高管的劳动法地位，首先需要明确劳动者资格的判定标准，从而进行比照，以判断公司高管是否满足劳动者的认定标准。这并非概念法学一般的固守僵化，而涉及权利义务的不同配置问题。

一、从属性判断标准的建立

与传统民法的意思自治与平等保护的价值理念不同，自其诞生之初，劳动法便承载着倾斜保护劳动者的使命。这也构成劳动法从传统民法之中独立出来的现实基础。为此，是适用劳动法倾斜保护理念，还是适用民商法平等保护与意思自治原则，以及国家强制与私人自治的程度划分，劳动者身份的认定便是至为关键的前提性问题。

对于劳动者资格的判断标准，立法者并未给出明确而肯定的回答❶，仅仅提示了用人单位与劳动者这一对相互对立的主体范畴。于是，劳动者认定标准就交由学理与司法实践进行教义学层面的建构。在法学理论上，之所以要不惜笔墨对劳动关系认定标准进行研究，一个重要的原因在于，同为提供劳动，既可能属于民法中的劳务合同，也可能属于劳动法上的劳动合同，二者的权利义务配置特别是法律理念判然有别。具体到公司高级管理人员这个问题，则有必要回答，在公司高级管理人员受到《公司法》这一隶属商法的法律调整基础上，还能否同时受到《劳动法》这一社会法的调整？抑或在规范竞合的情形下，公司高级管理人员仅仅受到其中之一的调整，而排斥另一法律部门的适用？在此前提下，当两部法律同时调整之后，是否存在内在冲突？若有冲突，又该如何协调？诸如此类的追问，都有必要予以回应，否则司法裁判活动将窒碍难行。

从合目的解释的角度出发，须探寻立法者倾斜保护劳动者的原因，为劳动者判断标准的构建提供理论基础。从历史演变来看，劳动法之所以能够从传统民法中独立出来，最根本的原因在于，传统民法的理性平等私法主体的假设已不敷使用。在私人社会中，每个个体的判断力等理性能力并非匀质，而是存在差异，也就因此出现人与人之间的强弱之别，而这也是法律近现代性的

---

❶《劳动法》第 2 条规定："在中华人民共和国境内的企业、个体经济组织（以下统称用人单位）和与之形成劳动关系的劳动者，适用本法。国家机关、事业组织、社会团体和与之建立劳动合同关系的劳动者，依照本法执行。"

第二章　劳动法上的劳动者与公司高管法律地位分析

突出特征。❶ 如果固守传统民法的平等保护理念，则终将导致实际中的不平等越发严重。但强弱的表达太过抽象，尚不能直接作为判别劳动者的标准。而且，处于弱势地位的并非只有劳动者，还有消费者、妇女、儿童等大量其他主体。立法者无法通过制定统一的社会弱者保护法对这些主体进行一体保护，背后有其深刻的理论根源。在各种类型的社会弱者这个大家族中，劳动者又有何特殊之处，值得制定专门的劳动法规范对其进行倾斜保护。

对于劳动者弱势的表现，与其他弱者的不同在于，其表现为从属性。史尚宽先生在界定劳动法上劳动概念时即指出，权利义务关系的从属性是劳动法律关系的本质属性。❷ 从属性标准历来是学理中判断劳动者的通说标准。尽管时代飞速发展，非全日制用工大量涌现，共享经济等用工形式风起云涌，也有人指出要重构从属性标准，即在打破从属性判断标准唯一性基础上，综合正常合理人标准、法律人专业知识与经验来判断个案中的法律关系是否属于劳动关系。❸ 然而，此种标准将走向个案判断，致使劳动者的判断标准异常模糊，而且容易流于裁判者个人的主观恣意。因此，现有的时代发展与理论批判尚不足以动摇从属性判断的基础地位。实际上，从属性标准作为劳动者身份认定的指针仍然是学界通说。

法律关系有着不同的分类方式。在私法上，一般可以将其分为人身关系与财产关系两种类型，二者的调整理念与规范存在较

---

❶ [日] 星野英一：《私法中的人》，见梁慧星主编：《民商法论丛》（第8卷），法律出版社1997年版，第175—194页。
❷ 史尚宽：《劳动法原论》，世界书局1934年版，第7页。
❸ 冯彦君、张颖慧："'劳动关系'判断标准的反思与重构"，载《当代法学》2011年第6期。

大差异。基于这一划分，可以对从属性进一步划分，即人身关系之中的从属性与财产关系之中的从属性的二元四维构造。其一，财产关系上的从属性。具体又可二分为经济从属性与责任从属性。其中，经济从属性决定责任从属性的产生。其二，人身关系上的从属性。具体又可二分为人格上的从属性与组织上的从属性。在明晰判断标准的前提下，结合高级管理人员进行比照分析，由此评判高级管理人员是否具有理论上的劳动者身份。

二、经济上的从属性

在劳动关系中，劳动者提供劳动以获取报酬。正因如此，劳动者在经济上是弱势者，而用人单位在经济上是强势者。经济力量上的强弱对比，造成劳动者的谈判能力与谈判地位非常之低，这也就成为立法者倾斜保护劳动者的直接原因。据此，有学者对经济上的从属性进行了较为清晰的界定：劳动者并不是为了自己的经营事业而劳动，相反，是为了企业主的经营事业而劳动，劳动者的目的只是获取劳动报酬，❶也就是受雇于他人，为他人提供劳动力，获得的经济收入不是经营收入，而是劳动力的有偿使用费用。

就经济上的从属性来说，公司高管与普通劳动者并无本质差异。公司高级管理人员虽然管理公司日常事务，但依然不享有对生产资料的所有权。公司高级管理人员也是在公司所提供的物质条件基础上提供其脑力与体力劳动，也即为他人工作而非为自己之营业而工作。此外，相比于公司来说，公司高级管理人员在经济实力上也处于相对弱势的地位。

---

❶ 黄越钦：《劳动法新论》，中国政法大学出版社2003年版，第95页。

三、人格上的从属性

人格从属性也被称为身份的从属性。具体表现为，劳动者是用人单位的成员，需要接受用人单位的管理，并忠诚于自己的用人单位。劳动者提供劳动过程中要接受用人单位的各项安排，劳动者在签订劳动合同后便加入用人单位的组织体中，由用人单位安排其提供劳动的地点、时间与数量等事宜。❶ 用人单位主要通过规章制度对劳动者进行管理。劳动者要履行忠实、勤恳等各种劳动法上的义务。不仅如此，此种管理与人格从属性从劳动关系建立之日即用工之日起，将一直持续到劳动关系终止。因此，若立法者不对其进行倾斜保护，则劳动者在与用人单位发生争议时，往往不愿诉诸法律来维护自身利益。因为在劳动合同这一持续性合同关系中，劳动者受到管理之情境下，往往需要进行得失利弊的权衡。一次维权的胜利也许会带来未来的不利，可能导致其处于更加被动的地位。就公司高级管理人员来说，其由公司董事会聘任（对此，下文还将详述）。公司高级管理人员从属于公司，必须忠实于公司，接受公司的监督与管理。因此，公司高级管理人员在一定程度上也同样具备身份上的从属性特征。

四、组织上的从属性

劳动者不仅在人格上具有从属性，而且劳动者是用人单位这一组织体的成员，故而组织体所制定的各项规范也就适用于其成员。在劳动法上主要表现为劳动规章制度。在组织体中，个人的

---

❶ 黄程贯：《劳动法》，台湾空中大学 2001 年版，第 63 页。

意志往往需要服从组织的意志，这也正是个人走向组织的意义所在。从社会演进的角度，企业产生的根本原因在于团体合作的独特优势。相较于个人打拼，组织体能够更加高效地追逐利润。[1]在加入组织之后，则劳动者基于自愿而权利受到限制，例如与其他单位建立劳动关系的权利等，就要受到限制。

尽管公司高管具有相当的经营管理权限，也有一定的自由支配空间，但在工作计划、工作进度、工作时间、工作地点等方面仍然要服从和接受公司安排和管理。在权利方面，也因为劳动关系的建立而受到约定与法定的各种限制。所以，公司高管对所在单位的公司来说也具有组织上的从属性特征。

五、责任承担的从属性

正因为劳动者在经济上从属于用人单位，因此在法律责任的承担上也并不承担独立的责任，而是具有责任承担的从属性。诚如法谚所说，"利益之所在，即风险之所在"。既然用人单位掌握生产资料，从而分享更大比重的利润，并决定劳动者报酬，由用人单位承担侵权等情形下的法律责任也就更为符合实质公平的要求。我国法律对此也作出明确规定。根据《民法典》第1191条规定，用人单位的工作人员因执行工作任务造成他人损害的，由用人单位承担侵权责任。

就责任承担的从属性来说，公司高管与普通劳动者一样，并非独立承担法律责任，而是由用人单位对外承担责任。当然，在公司内部，公司也可以基于委任合同而要求公司高管进行赔偿，

---

[1] 赵万一、赵吟："中国自治型公司法的理论证成及制度实现"，载《中国社会科学》2015年第12期，第161页。

但不具有对外承担责任效力,只是公司内部实现责任追偿的民事约定,也是通常采取的管理手段。

当然,上述从属性标准是判断劳动者的本质标准,属于较为抽象的理论界定。在司法实践中,往往需要依据一些具体外观表现来呈现从属性。原劳动和社会保障部《关于确立劳动关系有关事项的通知》(劳社部发〔2005〕12号)之规定,包括以下重要因素:(1)用人单位和劳动者符合法律、法规规定的主体资格;(2)用人单位依法制定的各项劳动规章制度适用于劳动者,劳动者受用人单位的劳动管理,从事用人单位安排的有报酬的劳动;(3)劳动者提供的劳动是用人单位业务的组成部分。所以在认定公司高管的劳动者地位时,也可以在从属性判断标准指引下,参酌各项具体外观指标加以综合判断。

第二节 立法对公司高管的界定及其评析

梳理我国实证法对公司高管的界定可以发现,劳动法与公司法存在差异,但也存在内在的契合,这也为公司高管劳动者身份认定奠定实证法基础。不仅如此,金融法等其他领域也对公司高管进行了界定。分述如下。

一、公司法:管理者与被管理者的双重身份

我国《公司法》第216条对高级管理人员的范围有明确规定。具体包括公司的经理、副经理、财务负责人,上市公司董事会秘书和公司章程规定的其他人员。针对高级管理人员这一法律概念,往往有着广义和狭义的使用。在广义上,可以涵盖包括董事、监事与经理在内的所有公司管理人员。而狭义的界定则是我

国实证法的明确规范。通过对我国公司法的梳理可知，由于董事、监事与高级管理人员在公司法层面是并列的，因此高级管理人员至少应该排除董事与监事。至于公司章程规定的其他人员可以包括总工程师、总会计师，等等，取决于公司章程的自治性规范，因此，在公司高级管理人员的具体范围方面，每个公司之间或多或少也都存在差异。然而万变不离其宗，作为一项法律概念，高级管理人员的内核并未发生本质改变。

对公司高级管理人员的规范，在学理上属于公司治理的范畴。所谓公司治理，是指在所有权与经营权分离的前提下，在股东、董事、监事与高级管理人员之间配置责权利，从而构建起公司内部利益平衡与权力制衡的机制。❶ 在此语境下，学者一般通过引用《公司法》第 146 条第 5 款❷，特别是其中的"委派""聘任"的表达则说明，公司高管与公司之间属于有偿委任的法律关系，这一点与德国、日本等其他大陆法系国家并无不同。❸ 正是因为委任关系的定性，根据我国公司法，公司高级管理人员应当尽到勤勉义务与忠实义务。在未尽到该种义务时，则按照有偿委任法律关系而负有赔偿责任。据此，公司与公司高管的法律关系更接近平等主体之间的法律关系，属于商法的调整范围。

公司高级管理人员自然有着管理者的角色。至于公司高级管理人员的具体职责，根据《公司法》规定，有限责任公司可以设经理，由董事会决定聘任或者解聘。经理对董事会负责，行使

---

❶ 赵万一：《公司治理法律问题研究》，法律出版社 2004 年版，第 3 页。

❷ 《公司法》第 146 条第 5 款规定："公司违反前款规定选举、委派董事、监事或者聘任高级管理人员的，该选举、委派或者聘任无效。董事、监事、高级管理人员在任职期间出现本条第一款所列情形的，公司应当解除其职务。"

❸ 王军：《中国公司法》，高等教育出版社 2015 年版，第 325 页。

下列职权：（1）主持公司的生产经营管理工作，组织实施董事会决议；（2）组织实施公司年度经营计划和投资方案；（3）拟订公司内部管理机构设置方案；（4）拟订公司的基本管理制度；（5）制定公司的具体规章；（6）提请聘任或者解聘公司副经理、财务负责人；（7）决定聘任或者解聘除应由董事会决定聘任或者解聘以外的负责管理人员；（8）董事会授予的其他职权。在公司的职责方面，有限责任公司与股份有限公司并无太大差异。公司章程对经理职权另有规定的，从其规定。经理列席董事会会议。公司经理对公司日常事务管理职权的重要内容中就包括对劳动者的管理。公司经理可以通过拟定公司规章制度对劳动者进行管理；聘任或解聘公司人力资源负责人从而实现对劳动者管理；等等。

此外，逻辑上，同一主体可以具有不同的身份，参与不同的法律关系。因此，必须意识到公司高管身份的复杂性。股东与公司高管的身份通常是分离的，但也不尽然。部分小微企业中，股东担任董事等的情形也不罕见。❶ 甚至在现实之中，也有职工担任公司管理人员的情形。在此情形下，笔者所探讨的公司高级管理人员的劳动者地位也就不成问题。当然，同一人员的双重法律适用的难题则依然存在。

有趣的现象是，我国《公司法》似乎对公司高级管理人员是否属于劳动者作出了间接回答。一个证据是《公司法》第17条规定了公司必须保护职工的各项人身与财产利益。❷ 从逻辑上

---

❶ 王军：《中国公司法》，高等教育出版社2015年版，第5页。
❷ 《公司法》第17条规定："公司必须保护职工的合法权益，依法与职工签订劳动合同，参加社会保险，加强劳动保护，实现安全生产。公司应当采用多种形式，加强公司职工的职业教育和岗位培训，提高职工素质。"

来说，在我国公司法中，公司高级管理人员与职工是并行的概念，也即在公司法视域下是有区别的。职工属于利益相关者的范围。但这种解释并不是唯一的，对公司高管是否属于劳动者问题的回答，公司法本身并不具有决定性。毋宁需要具备体系思维，结合公司法与劳动法进行统一解释。而且，对公司法的另一种较为合理的解说是，公司高管具有雇主属性，一定与其雇员属性不相兼容吗？为此，有必要梳理我国的劳动法规范。

二、劳动法：雇主与雇员的双重属性

与《公司法》不同，我国劳动法虽然对公司高管有特殊规则，但并未给出明确的定义。因此，在法律适用上的问题是，针对公司高管的范围大小，究竟是与公司法持同一立场，还是持不同立场，则不无疑问。在缺少明确规范的情境下，地方为了有效解决法律争议，"八仙过海，各显神通"，不得不作出自己的规定。❶ 各地的规定存在差异也就不难想象。

特别是公司法与劳动法的立法宗旨存在差异，公司法以协调股东、管理层与利益相关者的利益为其宗旨，公司治理是其中的核心；而劳动法则以劳动者的倾斜保护为其重心。那么，在公司高级管理人员的范围宽窄上，相比于公司法的较为狭窄的界定，劳动法意义上的高级管理人员是否要扩张包括董事与监事？这不

---

❶ 例如，《江苏省高级人民法院、江苏省劳动人事争议仲裁委员会关于审理劳动人事争议案件的指导意见（二）》《惠州市中级人民法院、惠州市劳动人事争议仲裁委员会关于审理劳动争议案件若干问题的会议纪要（试行）》均规定，确定高级管理人员身份的依据是《公司法》第216条第1项。同时，徐州市泉山区人民法院（2015）泉民初字第1478号判决书、寿光市人民法院（2015）寿民初字第2302号判决书等典型判决则并未将经理认为属于公司高级管理人员，因此作出了与《公司法》不同的范围认定。

第二章 劳动法上的劳动者与公司高管法律地位分析

仅只是学理层面的追问，更是司法实践中亟待回答的法律解释难题。❶ 立法与学理的滞后将对司法造成不利影响。

关于公司高管劳动者身份的规定，较为直接的是在1995年《劳动法》颁布实施之初，《劳动部实施〈劳动法〉中有关劳动合同问题的解答》（劳部发〔1995〕202号）规定："厂长、经理是由其上级部门聘任（委任）的，应与聘任（委任）部门签订劳动合同。"❷ 这一文件至今仍属有效。根据该项规定，这里的高级管理人员涵盖的范围包括厂长、经理和有关经营管理人员；同时，明确其与用人单位签订劳动合同，建立劳动关系。此外，该规定还透露出法律适用上的思路，说明在职能部门看来，公司高级管理人员应同时受到公司法与劳动法的双重调整。

虽然劳部发〔1995〕202号文针对高级管理人员有着明确规定，但毕竟位阶较低。在理论上，这一规范有着与上位法背离的可能性。为此，在法律解释层面，依然需要从法律位阶去寻求法律基础。在法律位阶，针对公司高管劳动者地位的间接规定则为竞业限制规范。根据《劳动合同法》规定，只有在法定的特殊情形之下，用人单位才能与劳动者约定劳动者违约责任条款，这也是对劳动者倾斜保护的必然要求。其中，竞业限制条款就是一项典型的事项。根据我国《劳动合同法》，竞业限制的人员限于用人单位的高级管理人员、高级技术人员和其他负有保密义务的

---

❶ 实践中不乏公司董事长在离职后，一纸诉状起诉公司，主张未签订书面劳动合同的双倍工资。参见马君、刘岳庆："公司高管人员劳动法保护的边与界"，载《中国劳动》2012年第10期。

❷ 劳部发〔1995〕202号文同时也规定，"实行公司制的企业厂长、经理和有关经营管理人员，应根据《中华人民共和国公司法》中有关经理和经营管理人员的规定与董事会签订劳动合同"。

人员。正因为有此规定，其适用的逻辑前提是高级管理人员是劳动法所规范的劳动者的范围。这一条文也成为学理上用来论证公司高管劳动者身份的最为有力的法律支撑。

除了竞业限制的专门规定以外，《劳动合同法》第47条针对经济补偿金的计算规则中，对经济补偿金有限制性规则。在劳动者经济补偿金过高时，应遵循最高限额的标准。❶ 虽然并未明确指向其专门适用于公司高级管理人员，但通过对该条文的解释可知，其自然可以涵盖公司高级管理人员的范围。且从现实中的收入水平来说，其一般也适用于公司高级管理人员。在此还须提及的是，这一规范实际上也为后文的差异化处理模式提供了规范基础。

同时，在劳动法上，公司高管履行管理职责。《劳动法》第56条规定，劳动者在劳动过程中必须严格遵守安全操作规程。劳动者对用人单位管理人员违章指挥、强令冒险作业，有权拒绝执行；对危害生命安全和身体健康的行为，有权提出批评、检举和控告。《劳动合同法》第32条规定了劳动者对用人单位管理人员违法指挥的拒绝权。用人单位管理人员的违法指挥，也构成劳动者单方即时解除劳动合同的事由。这里使用的主体是"用人单位管理人员"。相比于公司高级管理人员来说，这里的管理人员从文义解释角度自然在外延上要更为宽泛，但也并未将高级管理人员明确排除。除此以外，还包括特定岗位的管理人员，虽然他们并不属于高级管理人员范围。这是因为，单位是抽象的集

---

❶ 《劳动合同法》第47条规定："劳动者月工资高于用人单位所在直辖市、设区的市级人民政府公布的本地区上年度职工月平均工资三倍的，向其支付经济补偿的标准按职工月平均工资三倍的数额支付，向其支付经济补偿的年限最高不超过十二年。"

合体,作为集合体的意志,往往还是由个人来作出,而这正是公司高级管理人员的意义所在。基于此,有学者指出,我国的劳动立法应借鉴国外经验,将公司高管排除在劳动者以外的范围。❶ 目前来看,这种解说过于武断和片面,忽视了前文所述的劳动合同法针对经济补偿金与竞业限制的规范。

但更为关键的是,除了专门针对公司高管约定条款的竞业限制规范以及对高收入者的经济补偿金限制性规范以外,劳动合同法与劳动法均未对公司高管作出其他的特殊规定。这也就意味着,在书面合同订立、合同条款约定、合同解除与纠纷解决等各个方面,公司高管与其他劳动者适用相同的规范。这一立法方式也被学者归纳为不加区分而同一对待的单一模式。❷ 立法的单一与现实的纷繁多样存在紧张的冲突,这也正是实践中层出不穷的公司高管与公司劳动纠纷的深层次规范根源。

三、金融法:高级管理人员作为监管对象

在金融法上,出于金融监管的需要,也有专门针对金融领域高级管理人员的规范。通过对相关规范的梳理,呈现出以下特点。

首先,文件的规范级次较低。对公司高级管理人员规范的金融法律规范,包括《证券投资基金行业高级管理人员任职管理办法》(证监会令23号)、《证券公司董事、监事和高级管理人员任职资格监管办法》(证监会令39)、《保险公司董事、监事

---

❶ 李哲:"公司高级管理人员雇员地位之探讨——从一则高额经济补偿案例谈起",载《兰州学刊》2007年第12期。

❷ 谢增毅:"我国劳动关系法律调整模式的转变",载《中国社会科学》2017年第2期,第123页。

和高级管理人员任职资格管理规定》(保监会令〔2021〕6号)等。从文件的规范层级来看,上述文件均分别由中国证券监督管理委员会、中国银行保险监督管理委员会颁布,且以"令"的形式呈现,属于部门规章。与作为法律的《公司法》相比,上述文件的规范级次更低。不过,这些文件具有专门性与专业性的特点,是证监会履行其监管职责的体现。

其次,高级管理人员的范围要大于《公司法》规定。以《证券公司董事、监事和高级管理人员任职资格监管办法》为例,其所规范的高级管理人员包括证券公司的总经理、副总经理、财务负责人、合规负责人、董事会秘书、境内分支机构负责人以及实际履行上述职务的人员。在公司法的基础上,增加了合规负责人、境内分支机构负责人以及实际履行上述职务的人员。❶ 劳动法虽然在若干规范中提及了高级管理人员,但对高级管理人员并未界定。由此引发的问题是,在公司法与金融法对高级管理人员作出不同界定的情形下,劳动法如何选择?若从法律位阶的角度,似乎可以认为上位法优于下位法,但这种回答恐怕过于简单。

再次,不同的金融行业有其各自规定。金融领域的高级管理人员范围要大于公司法,而金融法内部,不同的行业在范围上也有差异。以保险公司为例,在证券公司的基础上,进一步增加了

---

❶ 《公司法》所规定的高级管理人员包括公司的经理、副经理、财务负责人,上市公司董事会秘书和公司章程规定的其他人员。

总精算师、审计责任人、支公司总经理等主体。❶ 不难理解，这是源于不同金融企业由于业务的差异，而在高级管理人员范围上产生的差异。但由此带来的问题是，劳动法对这种差异如何处理，是在所不问还是予以对接？

最后，有相对统一的立法目的。《证券投资基金行业高级管理人员任职管理办法》《证券公司董事、监事和高级管理人员任职资格监管办法》《保险公司董事、监事和高级管理人员任职资格管理规定》等文件，都会在第一条开宗明义揭示立法目的。以《证券投资基金行业高级管理人员任职管理办法》为例，其第1条规定："为了规范证券投资基金行业高级管理人员的任职管理，保护投资人及相关当事人的合法权益和社会公共利益，根据《证券投资基金法》《公司法》和其他法律、行政法规，制定本办法。"之所以规定高级管理人员的范围，是为了对高级管理人员进行监管，最终导向于保护利益相关者。对此立法目的的理解，将有助于解决劳动法、公司法与金融法在高级管理人员方面的制度协调。

四、对公司法、金融法与劳动法之比较分析

在高级管理人员的法律规范层面，通过上文分析可知，公司法与劳动法共同作用于该领域，有必要厘清二者之关系。为此，

---

❶ 《保险公司董事、监事和高级管理人员任职资格管理规定》第4条：本规定所称高级管理人员，是指对保险机构经营管理活动和风险控制具有决策权或者重大影响的下列人员：（一）总公司总经理、副总经理和总经理助理；（二）总公司董事会秘书、总精算师、合规负责人、财务负责人和审计责任人；（三）省级分公司总经理、副总经理和总经理助理；（四）其他支公司、中心支公司总经理；（五）与上述高级管理人员具有相同职权的管理人员。

需要有法际整合的思维，即打破法学内部的学科矩阵，注重事件的整体性存在，寻求法律的全面性因应。❶ 就本书研究的主题来说，应该以问题为导向，即如何解决公司高管的劳动法地位这一核心问题，需要对劳动法与公司法进行比较分析，求同存异。

从求同的角度来看，针对公司高级管理人员的法律地位，公司法也好，劳动法也罢，均呈现出管理与被管理的双重属性。这种双重属性也就为二者的协调奠定了基础。由此出发，二者之间的不一致更多的是因为立法目标和侧重点的差异，并不像直觉上所感觉到的形同水火。这其实容易理解，因为两部法律所使用的是同一法律概念。尽管在具体的范围大小上可以进行微调，但在公司高级管理人员这一概念的本质属性，尤其是其与其他概念的区别来说，劳动法与公司法不应存在本质不同。否则，立法者应该使用不同的语词表达。

基于存异的角度出发，二者立法目的的差异也不容忽视。公司法以规范公司内部权利配置为其出发点，而劳动法则以倾斜保护劳动者为其旨归。诚如德国法学家耶林所言，"目的是一切法律的创造者"。正因为立法目的存在差异，那么在针对公司高级管理人员的具体规范上的差异也就不难理解。劳动法在公司法基础上，对公司高管的范围进行微调也就成为可能。当然，是否微调则应该具体分析，不可一概而论。

在劳动法与公司法的关系上，以公司法作为基础，劳动法在承接公司法的基础上，可以对不符合劳动法立法宗旨的情形进行调整。在此视角下，笔者认为，在高级管理人员的范围界定上，

---

❶ 叶金育：《税法整体化研究：一个法际整合的视角》，北京大学出版社2016年版，第3页。

第二章　劳动法上的劳动者与公司高管法律地位分析

劳动法应与公司法保持一致，即排除公司董事、监事的劳动者地位，肯定公司经理、副经理、财务负责人，上市公司董事会秘书和公司章程规定的其他人员等主体的劳动者地位。同时，基于其身份的多元性特征——兼有雇主与雇员的双重身份——公司高级管理人员应属于特殊劳动者。其特殊性何在？值得下文进一步分析。

在此基础上，劳动法与金融法的协调问题则相对容易解决。无论是劳动法还是金融法，都以《公司法》为其调整基础。尽管在公司高级管理人员的具体范围上存在差异，但并不会小于公司法对高级管理人员的范围界定，而是出于监管的需要，将更多主体纳入考量。究其原因，金融法与公司法都有着宏观调控与监管的目标，只是方法与侧重有所不同，金融法偏重于行政监管，而公司法则侧重于私法自治。对于上文所提出的问题，在公司法与金融法对于公司高级管理人员范围界定不同的情形下，劳动法何去何从？金融领域的立法在立法层级上属于部门规章，要低于属于法律的公司立法，但金融法针对的是更为具体的金融监管领域。因此，还必须回到劳动法本身，探寻其立法意旨，从而选择如何适用法律。

第三节　公司高管身份的特殊性

对于公司高管身份的特殊性，则需要进一步展开分析。只有对其特殊性有清晰的认知，才能进一步厘清公司高管的劳动法地位，以及构建有针对性且合理适当的法律规范。特别是如何对公司高级管理人员与普通劳动者做出差异化处理。

87

一、劳动关系中的特殊性

普通劳动者一般受到劳动法的单一调整；而公司高管则要受到公司法与劳动法的双重调整。因此，公司高管的法律关系就显得更加复杂。正如上文所述，在公司法层面，公司与公司高管之间属于有偿委任的民事合同关系，双方按照一般的合同进行订立、解除以及违约责任的处理；而作为劳动者，公司高管又与公司有着劳动合同关系，适用倾斜保护的法律规范。那么在公司要解除与高管的法律关系时，究竟是按照单一的公司法标准或劳动法标准，还是同时满足两种标准？后文将详细分析，此处暂不展开。

劳动法所调整的法律关系是用人单位与劳动者之间的权利义务关系，主体分别是用人单位与劳动者。就公司高管来说，根据1995年《劳动法》颁布实施之初，《劳动部实施〈劳动法〉中有关劳动合同问题的解答》（劳部发〔1995〕202号）的规定可知，经理等公司高级管理人员要与董事会签订劳动合同，这与劳动法的一般规定不相一致。这就根源于公司高级管理人员的双重调整而引致的法律适用难题。劳部发〔1995〕202号文显然采取了与公司法一致的规则，即由董事会聘任经理。因此，疑问在于，公司高级管理人员如果是劳动法意义上的劳动者，那么其应该与公司还是与董事会签订劳动合同？公司也好，董事会也罢，其利益具有一致性。因此，这个问题看似没有太大意义，但实际上关乎公司高级管理人员的权利救济，即向谁主张权利，起诉谁的问题，值得进一步厘清。

在劳动关系中，由于经理等高级管理人员的特殊专长，因此公司对其自由度较大。在此过程中，公司高级管理人员的劳动提

第二章　劳动法上的劳动者与公司高管法律地位分析

供方面存在较多灵活性。具体表现在：薪酬方式非常灵活，往往与用人单位一事一议，而不是像普通劳动者那样签订标准的格式合同；在劳动时间方面，公司高级管理人员并不需要恪守8小时工作制乃至"996"模式，相对更为灵活自主；劳动空间也很灵活，无论居家还是在公司，只要能完成其职务就可以，主要取决于与公司之间的协议约定以及自己考虑。这种灵活性实际上正是从属性弱化的体现。

正因为灵活性的普遍存在，公司高级管理人员与公司之间的法律关系有着较大的特殊性。法律关系围绕权利义务展开，而高级管理人员与公司之间的权利义务具有特殊性。在权利方面，高级管理人员享有普通劳动者所不具有的参与公司决策、行使股票期权等多项权利；在义务方面，则必须履行保密义务、竞业限制义务等多项义务。相比之下，如果公司高管具有劳动者地位的话，其权利义务的内容与复杂性要多于普通劳动者。所以，在劳动法上对公司高管的强调无论如何都不为过。

在所提供的劳动方面，公司高管与普通劳动者也有着极大的不同。公司高管所提供的劳动一般属于脑力劳动，较少涉及体力劳动。另外，即便从脑力劳动来说，公司高管对知识的依赖相对较少，而更多来自其长期工作所积累的经验阅历，尤其是在特定公司之中，对该公司环境、制度的熟悉非常关键。因此，公司高管的可替代性较弱，对雇主的依附性较强。相比之下，普通劳动者的可替代性相对较强。替代性的强弱，也就决定了谈判能力、解雇保护等各个方面的差异。以劳动合同单方解除来说，正因为公司高管的可替代性较弱，因此通常较难被公司解雇，对解雇保护的需求也不如普通劳动者那么强烈，即便公司高管被解雇，也较容易找到新的用人单位。

89

二、公司管理中的强势性

公司高管本身就具有管理职责，加之在部分企业中拥有股东身份，所以相比于普通劳动者，高管的"话语权"更强。而且，公司高管代表公司对员工进行管理，制定规章制度，并奖惩员工，也就是更偏向于雇主的角色定位。正如上文梳理公司法所指出的，公司高管有着管理公司员工、指引公司发展的职责。

法律规则的制定基础是对人的认知。在弱势的劳动者这个大群体之中，高级管理人员又是属于相对强势的主体。因此，相比之下，从规范的数量这一外观指标来看，应该对普通劳动者更加倾斜，提供更多的保护。从质的方面来看，每一类型的规范上，相比于公司高管，对普通劳动者的保护也要更加倾斜。例如，劳动合同的解除，劳动法秉持解雇保护的理念，员工辞职较易，解雇员工较难。但对于处于强势地位的公司高管，可以增加更多公司单方解雇的事由，特别是在公司高管违背其管理公司职责之时更是如此。

在经济实力上，公司高管虽然无法与公司相抗衡，但相比于普通劳动者，公司高管的工资收入均较高，这就带来连锁反应，公司高管与公司纠纷的标的额远高于普通劳动者。[1] 因此，公司高管往往更有能力救济自身权利。另一个更为棘手的问题在于，作为管理者，出于自身利益的考虑，公司高管在制定劳动规章制度时，有着维护自身利益的冲动。这是因为公司高管实际上扮演

---

[1] 有法官对 2010—2016 年的标的额进行了统计分析，高管标的额一般是普通劳动者的 2 倍左右。参见徐文进、姚竞燕："公司治理语境下高级管理人员规制路径探析——以公司法与劳动法的规范冲突化解为视角"，载《中国劳动》2018 年第 3 期。

着类似"裁判员"与"运动员"的双重角色,难免存在利益冲突。如果劳动法缺位,那么普通劳动者的权益也就无法得到保障。因此,劳动法规范公司高管的立法目标应该包括两个层面:一方面,保护公司高管作为劳动者所应当享有的权利;另一方面,规制公司高管作为管理者而享有的权力。劳动法与公司法对公司高管保护发力不同,现有文献主要将目光聚焦于前者,这当然是很有意义的议题,但实际上,这二者不可偏废。

三、公司利益中的趋同性

根据前述公司法规则,公司高管属于公司内部管理层,而职工则属于利益相关者。劳动者与公司的关系有冲突,更有一致,在公司无法盈利时,员工利益自然也会受到损害。但是,由于员工的弱势地位以及权利的易受侵犯性,劳动法的制定恰恰是要防范劳动者权利被侵害。环顾现实,歧视、欠薪等各种侵权活动大量存在。劳动法正是基于公司员工可能被侵权这一基础假设,考虑如何保护劳动者。相比之下,公司高管与公司利益的趋同性则更为强烈。

通过公司法与公司章程等诸多内外部规范,公司利益与高管利益牢牢捆绑在一起,从而监督公司高管在实现公司利益最大化的前提下追求其自身利益。对于监督高管履职,往往是奖惩并用。公司往往通过签订合同,与高管约定权利义务关系。此外,还通过持股计划——如股票期权——对高管进行激励,从而引导高管通过对公司的管理而实现公司利润最大化。就此而论,公司高管甚至与普通劳动者存在利益冲突。因为公司作为追求利润最大化的营利法人,劳动成本的控制便是其考虑的重要因素,在此方面,公司高管与公司之间存在利益的一致性。

当然，并不否认，现实中职业经理人与董事等管理层甚至于股东可能存在利益冲突，这种情况也并不罕见。需要说明的是，上文所说的利益趋同性，并不是对现实的描摹，而是从法规范层面所作的论述，即公司法及章程通过其规范设计，引导公司高管从事与公司一致的活动，并通过法律责任的承担以避免公司高级管理人员的利益冲突行为，比如对与自己交易的限制等。正因为公司利益可能被侵犯，所以相比于一般的劳动关系来说，要防范的恐怕不是高管权利被侵犯，而是公司利益被侵夺。基于此，公司显得更为弱势。

综上所述，公司高管存在权利义务特殊、管理强势与利益趋同这三方面的特殊性，如果不加区分地将公司高管与普通劳动者等而视之，则忽视了上述差异，也将背离劳动法和公司法的立法目的。

第四节 公司高管在劳动法上的定位

结合上文对我国公司法与劳动法实证法的梳理，可知我国公司高管在劳动法上的定位存在如下特征：一方面，肯定其劳动者属性；另一方面，却忽视了其雇主属性。

一、肯定劳动者属性

通过对我国劳动法规范的梳理可知，我国立法肯定了公司高管的劳动者属性，这从直接和间接两方面的规范之中可以解释得出。从直接证据来说，劳部发〔1995〕202号文直接指出公司中的厂长、经理等管理人员与董事会签订劳动合同。由此可见，公司高管当然是劳动法上的劳动者，这是签订劳动合同的逻辑

第二章　劳动法上的劳动者与公司高管法律地位分析

前提。

从间接证据来说,《劳动合同法》专门指出,与公司签订竞业限制协议的只能是公司高级管理人员,此外,在劳动合同解除补偿金的数额上,也作出了限制性规范。这些规则虽然并未直接点明公司高管的劳动者地位,但毫无疑问,公司高管是劳动法意义上的劳动者,对此,理论上并无太大争议。

之所以肯定公司高管的劳动者地位,源于对公司高管与劳动者判断标准的比照。基于从属性标准,在一定程度上,公司高管也有从属性特征。因此,可以将其归入劳动者这一主体范围。

二、忽略雇主属性

在肯定公司高管劳动者地位的前提下,我国劳动法不加区分地将几乎所有规范统一适用于包括公司高管在内的所有劳动者,也就忽视了公司高管的雇主属性。或许可以反驳说,至少从表面看来,劳动法极为关注公司高管的雇主身份。比如,《劳动法》第56条规定,对于用人单位管理人员的违法指挥,劳动者有权拒绝,并有权提出控告。然而,专门针对公司管理人员的规则少之又少。此外,更为重要的是,在肯定公司高管劳动者地位的前提下,却未对其与普通劳动者进行区分对待,也就有意或无意中忽视了公司高管的雇主属性。这也正是学者所归纳的我国劳动法的单一调整模式的重要体现。在此模式下,劳动法显得僵化有余,灵活不足。

若仔细推敲则会发现,问题的根源在于我国劳动法对于雇主并未有非常清晰的界定。《劳动合同法》在第2条以"企业、个体经济组织、民办非企业单位等组织"的列举方式,对雇主进

93

行了例示性规范，❶ 但并未给雇主一个明确的定义。立法者似乎认为，雇主是一个不言自明的概念。通过正向列举，已经足以明晰其范围。就普通劳动者来说，确实如此，一般并不会引发争议。但对公司高级管理人员来说，因为其同时包含了雇主与雇员的双重属性，就值得对雇主的内涵和外延加以厘清。我国劳动法在部分条文使用用人单位的表述，而在另一些场合则使用管理人员的表达。那么，用人单位与其管理人员之间是什么关系？目前的劳动法条文本身并未给出直接回答，似乎尚未引起学理的重视。有观点认为，这一问题属于雇主内部关系的处理，应该交由公司法进行处理，不属于劳动法的调整范围。❷ 这一疑问的根源依然在于公司高管的双重属性。在同时受到公司法与劳动法调整时，究竟如何适用则容易产生分歧。

三、与劳动者的认定标准不完全吻合

虽然我国劳动法肯定了公司高管的劳动者身份，这也源自劳动者身份判断的从属性标准。然而，笔者认为，公司高管也只是部分满足了从属性标准，而并非完全吻合。在从属性的程度上，公司高管与普通劳动者存在较大差异。

首先，从经济上的从属性来说，尽管和普通劳动者一样，公司高管也不对生产资料享有所有权，但公司高管在经济上并非那

---

❶ 《劳动合同法》第2条规定："中华人民共和国境内的企业、个体经济组织、民办非企业单位等组织（以下称用人单位）与劳动者建立劳动关系，订立、履行、变更、解除或者终止劳动合同，适用本法。国家机关、事业单位、社会团体和与其建立劳动关系的劳动者，订立、履行、变更、解除或者终止劳动合同，依照本法执行。"

❷ 阎维博："董事离职法律制度理论基点辨析——以委任关系与劳动关系为双重视角"，载《中国人力资源开发》2016年第6期，第92页。

第二章　劳动法上的劳动者与公司高管法律地位分析

么弱势。从收入水平来说，公司高管往往远高于公司的普通员工。在经济上的能力自然强于普通劳动者，其经济上的从属性虽然存在，但较为薄弱。由此我们也就可以理解为何劳动合同法要对高收入者的经济补偿金作出限制。作为社会法范畴的劳动法，自然要倾斜保护劳动者这一低收入群体，特别是当危及其生存权这一宪法基本权利之时更是如此。然而，公司高管的生存权保障在经济发展的正常时期，一般并不存在问题。❶ 在被解职之后，也容易找到新的工作，对其保障往往并非国家的责任，而是公司法下的权利义务配置问题。

其次，从人格上的从属性来说，普通劳动者从属于公司，接受公司的管理和指挥；而公司高管则是接受公司董事会的聘任与监督。正如上文所述，公司高管兼有雇主与雇员的双重属性。公司高管与董事等同属于雇主代表的范围，但同时，在雇主内部关系上，公司高管又要受到董事的管理。此外，公司高管与普通劳动者在接受管理的程度与方式上也不尽一致。公司高管是通过与董事会签订委任合同的形式进行管理；而普通劳动者除了签订劳动合同以外，还要受到用人单位规章制度的管理。针对普通劳动者，更多的是对其劳动过程的管理，并不以劳动给付的结果为其义务履行与否的判断；相比之下，针对公司高管则更为看重合同履行的结果，如企业利润增长、业务拓展、人才招聘等各种指标。公司高管被赋予了更多的自主权。

再次，从组织上的从属性来说，公司高管有权参与劳动规章制度的制定；与普通劳动者不同，公司高管受到规章制度的约束

---

❶　当然，在新冠肺炎疫情等特殊时期，公司高级管理人员的生存保障或许也会成为问题，但是否一定要通过劳动法进行调整，则值得进一步研究。

较少。相比之下，公司高管主要受到公司章程以及委任合同的约束。因为其身份所具有的专业能力与工作经验，公司高管被公司赋予了更多的自主空间。公司高管具有组织上的从属性，但从量的比较上来说，则弱于普通劳动者。

最后，从责任的从属性来说，虽然与普通劳动者一样，公司高管对外从事职务活动，则由此产生的法律责任由公司承担，因此具有责任的从属性。但与此同时，公司高管与普通劳动者也存在较大差异。普通劳动者在由公司承担对外责任之后，并不会再次承担内部责任。这是因为，从倾斜保护的立场出发，无论是违约责任还是侵权责任，都在非常有限的情况下才由劳动者承担。与之不同的是，公司高管会基于信义义务的违反，而在公司承担对外责任之后，向公司承担赔偿责任。

综上，在四个方面的从属性上，公司高管与普通劳动者都存在差异，劳动法将公司高管无区别地认定为劳动法上的劳动者，与劳动者资格认定标准不吻合，这也构成劳动法规范公司高管，区别适用劳动法的基础和前提。

第三章 域外公司高管劳动法定位问题比较研究

主体及其地位形塑着法律关系的内容，公司高管在劳务供给法律中的地位直接影响着其在劳动法中的定位。考察国外劳动法对公司高管的定位，首在分析该区域劳动法对于雇主和雇员的界定，次在探寻公司高管的劳务供给是否符合前述界定，进而得出公司高管是否适用劳动法的规定。

有鉴于此，本章选取英美法系和大陆法系的典型国家——英国、美国、加拿大、澳大利亚、德国、法国、日本，基于它们的劳动法规与司法实践，分析国外公司高管劳动法定位方面的异同，依此作为完善我国公司高管劳动法规制的参考。

第一节 英美法系对公司高管的劳动法定位

一般而论，英美法系强调劳动关系认定中的控制性，即雇主对雇员具有某种控制权。英国、美国、加拿大、澳大利亚对于劳动者的判断亦主要是从"控制"入手，在雇员与雇主之间的互动关系中明确公司高管的劳动法适用问题。

一、英国公司高管在劳动法上的定位

英国判断雇主与雇员的关系主要依据的是控制性标准,并且经历了从雇员(employee)与非雇员(non-employee)的二分法向雇员(employee)、非独立合同工(worker)与独立合同工(independent contractors)的三分法的变迁。[1] 早期的诸如 1924 年的 Performing Rights Society Ltd v. Mitchell and Baker Ltd 案,1947 年的 Mersey Docksand Harbour Board v. Coggins and Griffiths Ltd 案等案件的判决,强调了雇佣关系中的命令和服从因素,因此建立的标准是基于雇主对工作完成方式的控制。

依此标准,雇主在劳动合同中不仅可以命令或要求雇员去做什么,还可以要求其如何做。在某些案件中,该标准可以简单明了地得出答案,但在诸如 1951 年的 Cassidy v. Minister of Health 案、1965 年的 Morren v. Swinton and Pendlebury Borough Council 案,以及 1969 年的 Market Investigations v. Minister of Social Security 案等案件中,当雇员的技术要求高于雇主或雇主是团体组织时,标准的应用遇到了困难。尤其是随着时代发展,诸如平台用工等新型经济业态的出现,对传统标准提出了挑战。

所以,越来越多的判决,如 1973 年的 Beloff v. Pressdram Ltd 案认为,当涉及专业人员或有技术和经验人员时,雇主的控制力不能成为决定因素。技术性越强,控制力在决定雇员是否受制于劳动合同的重要性方面就越弱。

然而,在上诉法院确定某人是否为雇员的一些案件(如

---

[1] Jeremias Prass, The Concept of the Employer, Oxford University Press, 2015, p. 3.

1995 年的 Lane v. Shire Roofing 案）中，依据的标准仍然是由谁来决定做什么，由谁来决定如何去做，包括完成工作的方法以及完成工作的手段。此标准判断的方式是考察劳动者是否属于雇主组织中的一员，并不十分全面，尤其在劳动者提供了一些设备或是根据按件计酬方式赚取工资的情形存在适用问题。❶

为此，法院采用了一个更复杂的判断标准，即所谓的多重或混合标准。该标准的逻辑出发点是检查是否有足够的控制权使劳动者成为雇员，然后检查合同条款是否与劳动合同中的应有条款一致。它被认为是基本标准，但上诉法院拒绝将单独的标准视为基本标准。因此，在任何情况下，都必须检查所有因素，包括控制程度、损失风险和获利可能性、设备的提供、纳税时间、国民保险的支付以及当事方的意图。❷ 可见，对雇主和雇员的识别考虑的因素是复合的、多方面的。

综合来看，英国采用的是三分的方法。"employee 对应的是我们劳动法中的劳动者，享受劳动法的保护，比如解雇保护、最低工资等。self-employed 对应的是自雇者，没有任何劳动法的保护。而 worker 就是介于 employee 和 self-employed 之间，worker 表面上也是一种自雇者，区别在于，worker 所提供的服务，属于他人所经营业务的一部分。"❸ 在最新的 Uber 案的判决中，英国最高法院将网约车司机的身份界定为 worker，部分享受劳动者的权利。

---

❶ ［英］史蒂芬·哈迪著，陈融译：《英国劳动法与劳资关系》，商务印书馆 2012 年版，第 90-91 页。
❷ 同上书，第 91-92 页。
❸ 柯振兴："英国最高院认定 Uber 司机属于 worker，并非劳动者（employee）"，载"美国劳动法观察"公众号，最后访问时间：2021 年 6 月 5 日。

公司高管在英国是否适用劳动法，是通过"雇主"和"雇员"的判断标准来判断的，属于"雇员"范围的公司高管适用劳动法，属于"雇主"范围的公司高管直接排除劳动法适用。《英国公司法》对控股股东兼董事和执行董事作了特殊规定。对于董事而言，当出现其在公司股份中拥有控股利益的情况时，不能被视为公司雇员；对于执行董事而言，往往被视为管理者而非雇员，除非有相反的证据证明。❶ 由此可知，对有管理权限的雇员区别适用劳动法。

此外，《英国工作时间条例》第 20 条规定，管理执行人员以及其他具有自主决策权的人员可以通过劳动合同等确定部分工时，可以适用有关休息时间、日休、周休、夜间工作时间限制的部分规定。但是，可以在一定程度和范围上控制自己的工作，则不适用有关休息时间、日休、周休、夜间工作时间限制的规定。❷ 这意味着，他们自愿加班将不计算在每周工作时间内，也无法获得额外的加班补偿。

二、美国公司高管在劳动法上的定位

美国通过控制标准对雇员与雇主的关系进行界定，一方面雇员是指在雇主控制下完成工作的人，另一方面雇主对雇员工作产生的收益有收益权。不符合此标准的就不是劳动关系，不适用劳动合同法。在美国，公司高管劳动法适用问题，被认为是劳动基准法、劳资关系法领域中重要的组成部分，特别规定主要由

---

❶ ［英］丹尼斯·吉南著，朱羿锟译：《公司法》，法律出版社 2005 年版，第 265 页。

❷ 张翼飞：《公司管理人员劳动法适用问题研究》，华东政法大学 2012 年博士论文，第 174 页。

第三章 域外公司高管劳动法定位问题比较研究

《美国公平劳动标准法》和《美国劳资关系法》予以明确。

在《美国公平劳动标准法》中，依据经典管理的理论，将管理人员分为执行主管、行政主管两类，并且从报酬和职责方面对这两类人员的含义在立法上进行了界定，同时在判例法中也发展出了丰富的判定规则。❶对公司管理人员从立法和判例的角度，均对其内涵予以明确，为有针对性地适用劳动法奠定了基础。在立法上规定劳动关系的一定标准应该是经济事实，而不是仅从技术上根据法律分类加以确定。如最低工资标准，美国对企业高级管理人员的工资报酬有明确的数额界定，美国税法中规定企业高管的工资年薪不得超过100万美元，如果政府对该企业有援助的，则该企业高管的报酬年薪不得超过50万美元。❷

换言之，当具备了某种薪酬标准（如固定薪酬标准、起薪计算标准、高收入门槛标准）或职责标准（执行主管职责标准、行政主管职责标准），而不是某种职位名称，公司高管会被排除适用《美国公平劳动标准法》的部分规定。

《美国公平劳动标准法》对高管等白领雇员适用劳动法，规定了豁免规则。该法对拥有管理、行政或职业资格的白领职员，雇主对其实施了豁免有关最低工资标准和加班补偿的规定。主要原因在于，这些白领通常属于公司高管人员，获得很高的报酬收入，而且他们通常每周的工作时间比较长，一般都超过40个小时。根据2004年8月23日通过的《美国公平劳动标准法》的修正案，公司管理人员、行政人员和职业人员，如果他们每周的工

---

❶ 邓颖：《劳动者分层保护模式的探究》，江西财经大学2017年硕士论文，第20页。

❷ 姚曙明、陈依婷："论劳动者分层保护的法律规制"，载《行政与法》2015年第12期。

资超过 455 美元，其雇主就有可能被豁免。❶ 对于执行主管、行政主管而言，排除适用《美国公平劳动标准法》。对年薪超过 10 万美元的从事管理性工作的雇员对立法上的加班补偿法律条款排除适用，即该国劳动基准法关于工时保护的法律规定对其不适用。

《美国劳资关系法》并没有对管理人员进行明确的分类，而是在界定管理人员中的监督主管（Supervisor）的基础上，通过判例对其解释将管理人员的范围拓展至更高级别的管理人员（Managerial Employee）。对于集体劳动关系来说，《美国劳资关系法》规定："劳工是指任何被雇者及因劳资争议或因不当劳工行为而被解雇者，通常不包括农业工人、受雇在私人家庭服务之工作者或受其父母或配偶雇佣者，或受雇担任督导性之工作者，或受铁路劳工法所拘束者。"❷ 可见，在企业中，监督主管人员享有一定的监督管理权限，具有雇主属性，有关劳资关系法的某些规定，对其不适用，同时法院在判例中也确认了该立法精神和做法，其不受劳资关系法保护的范围同样包括具有一定管理权限的监督主管的上级管理人员。

此外，《美国示范公司法》在"本法案的定义"部分，对雇员的定义是，"包括所有高层职员，但董事应排除在外。董事也可以通过接受义务的形式来成为雇员"。❸ 在雇员的范围上与劳

---

❶ Mark A. Rothstein, Charles B. Craver, Elinor P. Schroder, Elaine W. Shoben, Employment Law, West, 2005, pp. 342-344.

❷ 邓颖：《劳动者分层保护模式的探究》，江西财经大学 2017 年硕士论文，第 21 页。

❸ 原文为："Employee" includes an officer but not a director. A director may accept duties that make him also an employee.

动立法保持一致,即原则上将董事排除在外,但例外情形下也认可其雇员身份。

三、加拿大公司高管在劳动法上的定位

加拿大规范劳动关系适用联邦法律还是省/区法律,这主要取决于雇主所开展的业务受到哪一层级法律的规范。属于"联邦工作、事业或业务"类别范畴的企业,如航运与运输、铁路、省际交通、航空、通信、广播和银行业等行业,其与劳动者的劳动关系适用联邦法律,如《加拿大劳动法典》《加拿大劳动者(标准)法》《雇佣公平法》等。❶ 虽然在诸如最低工资标准、工作时间、假期、合同解除或终止、职业健康和安全保障等方面存在一些差异,但是加拿大联邦和各省/区劳动法的基本内容类似。

加拿大雇员和雇主的概念及其范围比较宽泛。《加拿大劳动者(标准)法》第 2 条第 3 款将雇员定义为"从事熟练的或不熟练的、体力的、办公室的、技术的或经营管理工作的人";第 2 条第 4 款将雇主定义为"任何雇佣一个或更多职工的人"。其中,判断管理型雇员的标准有两个:一是负责监管其他雇员;二是公司业务运营中的角色。在这样的标准下,加拿大把管理型雇员划分为经理(Manager)、监管人员(Superintendents)和执行经理职责的雇员。

《加拿大劳动法典》第 167 条规定,上述三类人员排除适用法典的部分规定,然而,经理、监管人员和执行经理职责的雇员排除的程度并不相同,总的来说主要包括最高工时、加班补偿、

---

❶ 孙小波:《投资加拿大》,中国政法大学出版社 2016 年版,第 236 页。

休息休假、夜班工作等方面的内容。具体而言，经理、监管人员和执行经理职责的雇员不适用关于工作时间的规定［《加拿大劳动法典》第 167（2）a 条］；经理被排除适用法典关于不当解雇的规定［《加拿大劳动法典》第 167（3）条］。❶ 因此，在适用具体法律时，就必须清晰地界定经理、监管人员和执行经理职责的雇员之间的边界。

由于《加拿大劳动法典》并没有对经理、监管人员和执行经理职责的雇员作出明确区分，加拿大在具体司法实践中形成了诸多判例法规则。其中，独立行动、自主权利与自由裁量权是认定员工为经理的三个要件，主要参考因素是重大事项、人事权、监督和控制、职位和任职资格、公众对其身份的认知以及其在劳资关系中的角色。而监管人员表现为在有关企业重大事项上代表雇主行使实质的监督权力，执行经理职责的雇员必须行使足够的管理职能以便在重要管理事务中具有真实的决定权。由此可见，这三类主体的区分主要在于员工行使权力的级别，而且这种级别由经理到监管人员再到执行经理职责的雇员呈现从高到低的特点。

四、澳大利亚公司高管在劳动法上的定位

澳大利亚现行的劳动法律体系，是在 20 世纪以后的两次深刻的劳动变革之后形成的。其中，1996 年的《澳大利亚工作场所关系法》和 2009 年的《澳大利亚公平工作法案》是最主要的劳动立法。虽然这些法律并没有明确管理人员的概念，但是通过

---

❶ 张翼飞：《公司管理人员劳动法适用问题研究》，华东政法大学 2012 年博士论文，第 108 页。

薪酬标准对其进行了特殊规范。关于公司高管在劳动法上的定位，亦源于这些规范。

《澳大利亚工作场所关系法》对雇员和雇主进行了界定。该法第一部分第 4 条第 5 项规定，雇员是指雇主雇用的个人或第 4 条第 6 项雇主定义中所述的通常雇用的个人，但职业安置除外。《澳大利亚工作场所关系法》第 4 条第 6 项指出，雇主是以下情形之一的人员：(a) 就其雇用或通常雇用个人而言的宪制法团；(b) 就雇用或通常雇用个人而言的组织或团体；(c) 组织或团体机构，只要其雇用或通常雇用个人；(d) 就宪法贸易或商业而言，雇用或通常雇用以下个人的个人或实体（可能是非法人社团），如（ⅰ）飞行机组人员、（ⅱ）海事雇员、（ⅲ）水边工人（A Waterside Worker）；(e) 在该领土内注册为法人的法人团体，只要该法人团体雇用或通常雇用个人；(f) 在该澳大利亚领土内从事（无论是商业性质、政府性质还是其他性质的）活动的个人或实体（可能是非法人社团），只要该个人或实体雇用或通常雇用，与在领土内进行的活动有关的个人。❶ 从定义上来看，澳大利亚关于雇主与雇员的界定同样也十分宽泛。

其实，澳大利亚通过将管理人员的经济特征，如高收入内化为法律标准，从而产生排除法律适用的效果。《澳大利亚公平工作法案》第 329 条界定了"高收入雇员"（High income employee），该条第 1 款规定，全职雇员是雇主的高收入雇员，条件是该 (a) 雇员有保证期内的年度收入保证，(b) 时间在该期间内发生且 (c) 年收入保证的年收入率超过了当时的高收

---

❶ "Workplace Relations Act 1996"，https：//www.legislation.gov.au/Details/C2006C00104，2020-02-14.

入门槛（high income threshold）；第 2 款规定除全职雇员以外的雇员同时是雇主的高收入雇员，条件是（a）该雇员有保证期内的年度收入保证，（b）时间在该期间内发生，（c）如果雇员以相同的收入水平全职工作，那么当年的年收入保证率就会超过高收入门槛；第 3 款指出如果雇主根据雇员的同意撤销了年度收入担保，那么雇员在担保期内没有年度收入担保。[1] 何为高收入门槛？《澳大利亚公平工作法案》第 333 条第 1 款规定，高收入门槛是法规所规定的金额或以法规所规定的方式制定的金额。

满足高收入雇员条件的雇员将被排除适用《澳大利亚工作场所关系法》《澳大利亚公平工作法案》中的部分规定，如解雇保护规范。《澳大利亚公平工作法案》第 382 条规定，雇员在下述条件下可以免遭不公正的解雇：（a）该人是已经在其雇主处完成了至少最短雇用期的雇员；和（b）以下一项或多项适用：（ⅰ）该人被劳动规范覆盖，（ⅱ）与该雇用有关的人适用企业协议，（ⅲ）该人的年收入之和，以及按照规定与该人有关的其他金额（如果有），均高于高收入门槛。也就是说，雇员年度收入超出最高收入门槛，那么他将不适用解雇保护规则。

由此可见，澳大利亚并没有像其他国家劳动法律制度一样使用公司高管或类似公司高管的概念，而是通过高收入雇员和高收入门槛来实现劳动者的分层规制。事实上，高薪管理人员被排除出了某些劳动法律的保护范围。

---

[1] "Fair Work Act 2009", https：//www.legislation.gov.au/Details/C2017C00323, 2020-02-14.

第二节　大陆法系对公司高管的劳动法定位

大陆法系国家，诸如德国、法国、日本，尤为注重劳动关系认定中的从属性，即雇主与雇员是一种从属关系。不同的国家有人身从属性、法律从属性、经济从属性与组织从属性等标准，它们关于公司高管的劳动法律制度设计多是以雇员与雇主的界定为逻辑起点。

一、德国公司高管在劳动法上的定位

诚如劳动法专家沃尔夫冈·多伊普勒教授所言，劳动法应该被称为规范从属性劳动的法律，它覆盖了所有提供从属性劳动的人。❶ 在德国，劳动法主要依据从属性标准来区分雇主与雇员。具体来说，德国劳动法主流观点采用的是人格从属性判断标准，即雇员身份的认定标准是，提供劳务的主体是否属于组织的一名成员并接受组织的指示管理。❷ 德国并没有统一的、法典式的劳动立法，与劳动相关的法律规定散见于不同时期制定的诸如《企业组织法》《劳资共决法》《最低工资法》《解雇保护法》等多个单行法中，甚至还包括劳动法院发展出来的一系列"准法律条文"。

在雇员与雇主的区分上，合同中的称谓无关紧要，重要的在于事实上是否存在一方对另一方的人身从属性。判断是否存在人

---

❶ ［德］沃尔夫冈·多伊普勒著，王倩译：《德国劳动法（第11版）》，上海人民出版社2016版，第1页。
❷ 王倩："德国法中劳动关系的认定"，载《暨南学报（哲学社会科学版）》2017年第6期。

身从属性,又取决于"委托人"对"被委托人"工作的干预程度,其中被委托人在工作时间方面受到多少约束和融入对方组织体系的程度这两方面特别重要。即使雇员是"雇主公司"的一分子,劳动法原则上还是适用于他:哪怕是协会的成员或者拥有作为雇主的有限责任公司的股份,他也必须听从雇主的指挥。相反,有限责任公司的总经理或者股份有限公司的董事会成员,能够代表"雇主的意志"作出经营决策,不属于雇员。换言之,那些享有雇主"指示权"的主体不是雇员,即"企业的法定代表组织成员则不是劳动法上的雇员,比如有限责任公司的经理、股份公司的董事等"。❶ 在此方面,德国法上的雇主与雇员的区分是二元结构,某一个主体要么具有雇主身份,要么具有雇员身份,不可能同时兼有两种身份。

在德国劳动法体系中并没有雇员的定义,学界无法通过劳动立法获取雇员的含义,而是通过《德国商法典》第84条第1款规定的"自雇者"定义得出雇员的含义。具体而言,雇员是指在一种人身从属关系中,基于私人契约有义务为他人工作的人。❷ 然而,有关人身从属性并没有确切的含义。传统观点是,个人仅遵循雇主的命令来安排工作计划和工作时间。事实并非如此,越来越多的高级技术人员可以自由决定何时以及如何进行工作。对此,德国联邦法院的态度非常明确,即私人合同的当事方无权界定其关系的法律特征。劳动法是否适用仅取决于实际关系的实际内容。换言之,仅通过相互同意就不可能摆脱劳动法的

---

❶ Detlev Joost,王倩译,"德国劳动法之体系与基本原理",载《大连海事大学学报(社会科学版)》2010年第9卷第2期。

❷ [德]曼弗雷德·魏斯、马琳·施米特著,倪斐译:《德国劳动法与劳资关系》,商务印书馆2012年版,第41页。

第三章　域外公司高管劳动法定位问题比较研究

限制。

德国联邦劳动法院已将人的从属转变为一个非常复杂的概念，其中包括许多必须一起考虑的因素。因此，劳动法院需要确定在特定情况下是否有足够的要素来证明"雇员"的身份。最重要的要素包括：（1）企业希望个人待命并准备接受新任务；（2）个人不能拒绝企业安排的工作任务；（3）在某种程度上，个人已经融入企业的组织结构中；（4）个人需要很长时间才能为企业执行任务。这些要素的隐含标准是：在何种程度上可以将此类人员与具有雇员身份的人员进行比较，并且不会受到质疑？❶

在德国，学理上逐渐发展出高级雇员（Leitenden Angestellten）的概念，以解决工厂领导、雇主家庭成员、贸易全权代表等主体的雇员身份问题。然而，根据德国劳动法学者的总结，德国劳动法上并没有统一的高级雇员的概念界定。❷ 在《解雇保护法》《劳动时间法》《工厂组织法》等劳动相关立法中，均对高级雇员作出了特别规定，至于高级雇员的适用范围则因为场景而进行了具体的界定。此外，德国劳动法区分了集体协议覆盖雇员、集体协议未覆盖雇员、高级管理人员。其中，高级管理人员属于特殊类型，是指具有相当雇主职能的雇员，这部分管理人员在劳动法上地位较为特殊，属于劳动法排除适用的对象。集体协议未覆盖雇员，主要是指企业中高阶位的白领雇员，一般来说，除了企业高层管理人员外的其他管理人员均属于这一类别。

---

❶ ［德］曼弗雷德·魏斯、马琳·施米特著，倪斐译：《德国劳动法与劳资关系》，商务印书馆2012年版，第43页。
❷ ［德］雷蒙德·瓦尔特曼著，沈建峰译：《德国劳动法》，法律出版社2014年版，第60页。

其他普通雇员则属于集体协议覆盖雇员，集体协议通常都涵盖了普通性雇员。德国劳动法对企业高层管理人员及高阶位白领雇员的保护程度作出了区分，高阶位白领雇员与高级管理人员不同，作为一个企业高级管理人员，受雇主之托执行企业事务，被认为具有雇主属性，与普通的劳动者具有差异性，不是完全意义上的劳动力组成部分。鉴于企业高级管理人员的特殊地位和特殊利益关系，德国劳动法对高级管理人员相关权利作出了详细的排除保护规定，对与雇主利益关联度高的高级管理人员，则不认为是雇员的范围。德国对企业高级管理人员的劳动法排除适用，主要体现在工作时间保护、集体劳动法的保护、解雇保护法的规定这三个方面。❶

二、法国公司高管在劳动法上的定位

作为法典式立法的典型国家，法国通过《法国劳动法典》规定了涉及劳动关系的方方面面。最新的《法国劳动法典》在内容上由法律和条例两大部分组成，分别用字母L（法律卷）和R（条例卷）表明。每卷按照内容不同，分为八个部分：第一部分——个人劳动关系；第二部分——集体劳动关系；第三部分——工时、工资、分享与参与；第四部分——劳动安全卫生；第五部分——就业；第六部分——终身职业培训；第七部分——某些职业的特别规定；第八部分——劳动法的监督检查。

在法国，"从属性的法律关系"或"法律上的从属性"是界定劳动合同的关键要素与理论根基，即雇员与雇主存在从属性的

---

❶ 杨德敏：“公司高管劳动法适用问题探究”，载《社会科学》2018年第9期，第114-115页。

第三章　域外公司高管劳动法定位问题比较研究

法律关系（或法律上的从属性）。法国司法实践认为，劳工与雇用该劳工的主体的法律关系并不由其经济的弱势性或经济依赖性决定。雇员的身份意味着他与雇用他的对象存在从属法律关系。劳动力提供者与劳动力使用者之间的合同必须旨在使提供劳动力的雇员能够在另一方（雇主）的"领导、监督和授权"下工作。❶ 下级法律关系的特征是：在雇主的领导下执行雇员的劳动，雇主有权指导和命令雇员的劳动，监督劳动，并惩罚雇员的违法行为。

换言之，只要存在用人单位指挥和管理劳动者劳动的事实，就可以获得"法律从属"关系，表明劳动合同的存在。但是，自20世纪30年代该标准提出以来，并不总是绝对适用，它还有一些不适用的情况。例如，在某些技术性工作中，员工的工作具有很强的自主权，他们的工作不能完全在雇主的命令之下。因此，越来越难以根据雇员必须服从用人单位的领导、监督和授权的特点来判断下属法律关系的存在。对此，法国最高法院开始提早作出判决，即只要雇员在工作时间、工作地点或工作结果方面符合雇主的要求，就足以确定他们之间存在从属关系。后来，只要雇员提供的劳动是雇主组织活动的一部分，它就会发展为从属关系。由此可见，法国法律上的从属标准经历了从传统的领导、监督和授权内容到有机活动整体的一部分的新标准。

从劳资关系的角度来看，法国的专业人员和管理人员（Professional and Managerial Staff，P&MS）指的是骨干（Cadres）。❷

---

❶ 郑爱青：《法国劳动合同法概要》，光明日报出版社2010年版，第23页。
❷ EUROCADRES. Professional and managerial staff in Europe and their trade unions in the 21st century（2nd edition），http：//www.bollettinoadapt.it/old/files/document/4379MANAGERIAL_EUROC.pdf，p.100.

该术语定义了特定类型的雇佣关系或地位。然而，在《法国劳动法典》中并没有普遍性的定义，地位、文凭、独特的工作或社会群体都不能准确界定这个术语。

法国关于公司高管在劳动法中的定位，可以参考两个方面：一个是工作机制参与；另一个是工时规定。就前者而言，法国劳动法院（Conseil de prud'hommes）将高级管理人员作为一个特殊群体，赋予了他们选举因雇佣合同引起的个人纠纷的初审法庭法官的权利，并在劳动法中为高级管理人员设立了一个专门机构。❶ 就后者而言，法国工时立法区分了三类高级管理人员：关键管理人员（Key Managing Executives）、综合管理人员（Integrated Executives）和其他高级管理人员。关键管理人员具有以下特征：（1）履行高层次的职责，工作时间安排上具有广泛的独立性；（2）具有自主决策的权力；（3）是从公司高层报酬中获益。这些人员通常是公司管理委员会的成员，不受工时法律规定的约束。综合管理人员是指那些服从公司集体工作时间并融入工作团队的人，他们必须遵守关于工作时间的法律规定。其他高级管理人员涉及自主管理人员和非自主管理人员两类。其中，自主管理人员是指那些通过集体协议获得自主管理地位的人员，他们享有一定程度的工作时间自治，因此他们工作时间安排由于工作职能而无须遵循集体协议。非自主管理人员是指那些根据职责类型，工作时间不同于受公司内实行的集体工作时间限制的雇

---

❶ EUROCADRES. Professional and managerial staff in Europe and their trade unions in the 21st century（2nd edition），http：//www.bollettinoadapt.it/old/files/document/4379MANAGERIAL_EUROC.pdf，p. 103.

员，但没有足够的自主权被认为是自主管理人员。❶ 由此，法国对公司高级管理人员界定考虑综合因素，并且划分为不同的层级。

三、日本公司高管在劳动法上的定位

长期以来，日本劳动法在确定"劳动者"之概念使用的要件是"人的从属性"，即使用从属性（时间、场所被拘束的指挥命令下的劳动）。因此，《日本劳动基准法》在制定的时候，第9条将"劳动者"定义为"不问职业种类如何，在公司或者事务所被使用并被支付工资者"。"被使用"的含义实际上是以上级和下级之间的人格控制关系为基本概念的劳动关系，是上级和下级的个人命令关系。具体而言，将是否由自己自由决定出勤、缺勤、工作时间、工作量、工作内容、工作方法等作为"使用从属"的内容，从而判断是否视为"劳动者"。需要指出的是，由于立法目的的不同，《日本劳动组合法》第3条将"劳动者"界定为"不问职业的种类，以工资、报酬或其他相当于工资、报酬的收入为生活来源者"，这一规定比《日本劳动基准法》劳动者概念的外延大。

日本劳动基准法研究会1985年发布了《关于劳动基准法的"劳动者"判断基准》的研究报告，该报告提出了具体的判断标准：（1）对从事和依赖的工作的指示，是否有承诺的自由；（2）工作中有无指挥监督；（3）工作地点、时间有无拘束；（4）有无劳务提供的代替性；（5）有无报酬与劳动的等价性。

---

❶ EUROCADRES. Professional and managerial staff in Europe and their trade unions in the 21st century（2nd edition），http：//www.bollettinoadapt.it/old/files/document/4379MANAGERIAL_EUROC.pdf，pp.103-104.

除了前述五个主要基准外，还提出了三个补充要素：（1）有无经营者的性质，具体来说就是机器、用具的所有关系；（2）专属性的程度；（3）其他如选拔录用的过程、所得税的事前扣除、劳动保险、劳动管理规划、退休金制度等。❶

然而，随着产业、就业结构的变化，以具体的、现实的指挥监督为前提对法律进行把握的方法，其有效性逐渐丧失。为此，日本司法实践与理论研究中还发展出了经济从属性和组织从属性标准。经济从属性标准，即劳动者处于经济弱势地位；组织从属性标准，即组合到经济组织中的劳动。事实上，日本形成了根据人身从属性、经济从属性与组织从属性中的一个或多个进行不同组合来判定是否是从属劳动，即是否是劳动法适用对象的劳动者的综合判断标准。

《日本劳动基准法》第10条规定："本法中的雇主，系指企业主以及企业经理人或代表企业主处理企业中有关劳动者事宜的人。"该定义中的"企业主"在私人企业的情况下指企业主个人，在法人组织的情况下指法人；"工厂的经营责任者"指法人的理事、股份公司的董事长等负有企业经营一般权限的责任者；"为了企业主而处理与该企业劳动者相关事宜者"是指为了企业主而决定劳动条件、进行劳务管理、发布业务命令等进行具体的指挥监督者。由此，厂长、部长、科长、股长即现场监督者，都可以理解为《日本劳动基准法》上的雇主。这里的科长、股长，既是《日本劳动基准法》上的劳动者，又是该法上的雇主，于是在企业人事管理等方面，就会出现这类人员的雇主性质的争

---

❶ 田思路、贾秀芬：《契约劳动的研究：日本的理论与实践》，法律出版社2007年版，第83页。

论。《日本劳动基准法》对"雇主"加以定义，是为了明确《日本劳动基准法》上的责任，明确现实的行为者的主体责任，也明确企业主的责任。此外，《日本最低工资法》第 2 条规定的"雇主"与《日本劳动基准法》的"雇主"意义相同。《日本劳动契约法》第 2 条规定的"雇主"，是指"对所使用的劳动者支付工资者"。❶

第三节　域外对公司高管劳动法定位的立法评析与借鉴

通过考察英国、美国、加拿大、澳大利亚、德国、法国、日本对于公司高管劳动法定位的法律规范和司法实践，尽管各国因政治、经济、文化和社会等方面存在差异而对公司高管有着不同的理解与分类，但是它们对于公司高管的劳动法定位具有很多共通之处，比如两大法系在雇主与雇员的界定标准上的逐渐趋同，实施劳动者分层规制，在某些劳动制度上区分公司高管与普通劳动者，等等，这些可为我国健全公司高管劳动法规制度提供参考。

一、劳动法认定劳动关系标准的趋同

劳动关系的认定是适用劳动法的前提，因此各国都确定了本国的认定标准。概括而论，英国、美国、加拿大、澳大利亚等英美法系国家以控制性作为判断劳动关系的基本标准，此标准的核

---

❶ 田思路、贾秀芬：《日本劳动法研究》，中国社会科学出版社 2013 年版，第 52-53 页。

心要素是控制力大小，更多依赖法官自由裁量权的行使；德国、法国、日本等大陆法系国家倾向于用成文法对法律主体作出规定，通过从属性标准给雇主和雇员制定明确的身份定位。

然而，随着经济社会的发展，就业的类型与结构发生了诸多变化，单一的控制性标准或从属性标准并不能准确地识别劳动关系，因而无法贯彻劳动法的"扶弱"价值。所以，各国为了适应社会的发展，在其司法实践中都在寻求基本标准之外的补充标准。例如，英国劳动司法实践中除了使用控制性标准之外，在一些案例中还采用了诸如组织标准（Organization Test）和复合标准（Multiple Test）来界定是否构成劳动法意义上的劳动关系。❶ 美国法院也综合考虑了其他因素，如控制、监管、整体性、完成者、关系的持续性、工作供给、设施和装备投资、损益、需要的技能、工人和雇主对工作的信念。❷ 大陆法系在"人身从属性"之外也基于现实发展出了"法律从属性""经济从属性""组织从属性"等辅助判断标准。这些辅助性标准在基本标准判断是否属于劳动法上的雇员出现困难的情况下，可以运用具体的个案起到辅助判断的作用。

从历史发展来看，两大法系在判断劳动关系的标准上逐渐趋同。这种统一反映在各国在面对经济社会发展所带来的劳动关系认定困局，较为统一地提出了组织从属性和经济从属性标准，并发展了一些更具实际操作性的辅助标准。❸ 其实，不论是英美法

---

❶ 李坤刚："论劳动关系中雇主之界定——以英国劳动法为视角"，载《云南大学学报（法学版）》2007年第3期，第192-194页。

❷ 张彤雷：《企业高管人员劳动者身份质疑》，吉林大学2014年硕士学位论文，第11页。

❸ 张翼飞：《公司管理人员劳动法适用问题研究》，华东政法大学2012年博士论文，第149页。

系的控制性标准,还是大陆法系的从属性标准,两者都强调雇主与雇员的对应关系,即通过雇主可以确定雇员,通过雇员可以确定雇主。如《加拿大劳动者(标准)法》在第 2 条中分别界定了雇员与雇主;《日本劳动基准法》在第 9 条和第 10 条分别界定了雇员与雇主。所不同的是,有些国家劳动立法采用的是正向列举的立法技术,有些国家劳动立法采取的是反向排除的立法技术,有些国家劳动立法兼而有之。事实上,在两者不同类型的判断标准下,判断某一特殊主体是否受劳动法调整,首先都是先确定雇员和雇主的范围,然后根据既定标准去判断特定主体属于雇主还是雇员,最后将雇主性质的特殊主体排除适用劳动法。

二、劳动法采取劳动者分层保护制度

当今社会阶层结构呈现出多元化发展趋势,增加了劳动关系的复杂性以及劳动者类型的多样性。传统的劳动关系在新的商业模式下变得更加多元化,而新科技革命诸如人工智能、互联网产业化又催生了新的劳动者群体。不同的劳动者因具有的禀赋、资源、能力、条件等各不相同,因而相对于雇主的"强弱"程度不同。倘若劳动法对其一视同仁以进行相关保护制度的设计,那么劳动者中相对弱势的群体可能会遭遇二次不利的地位。"对中上层劳动者具有保护作用的规定,有时对底层劳动者则会带来一定的冲击。"❶ 因此,劳动法中具体制度设计应该依据劳动者的从属性强弱分级定义,分类处理不同级别的劳动关系所属的权利义务。

---

❶ 董保华:《劳动合同立法的争鸣与思考》,上海人民出版社 2011 年版,第 43 页。

事实上，不论是英美法系还是大陆法系的国家的劳动法都普遍强调劳动者分层保护，针对不同类型的劳动关系设计了不同的保护制度。例如，英国劳动法律规则中的劳动者就有雇员（Employees）、职工（Workers）、公营领域雇员（Public Employees）、官员（Office-holders）、体力劳动者（Manual Workers）、家政服务者（Domestic Servants）、特定雇佣从业者（Specific Employments）、学徒与培训生（Apprentice and Trainees）、散工与固定期限工人（Casual and Fixed-term Worker）、由中介提供的临时工（Temporary Worker）、居家工作者（Homeworkers）、兼职工作者（Part-time Worker）等10余种，不同类型的劳动者因其自身的特殊性往往适用不同的劳动法律规则。❶

又如，德国劳动法律将劳动者分为三类：一是"自雇者"；二是"类似雇员"；三是"雇员"。根据《德国集体合同法》第12a条规定，类似雇员是指满足下列条件的个人：（1）在经济上具有从属性；（2）不得不自行完成合同任务，基本上没有雇佣其他人帮忙；（3）为某个人工作或者他们收入的一半以上由某个人支付。"自雇者"不属于劳动法的调整范围，"雇员"属于劳动法的调整范围。"类似雇员"介于"自雇者"和"雇员"之间，属于劳动法某些规则与原则的调整范围，如《德国劳动法院法》第5条第3款对代理商的"类似雇员"身份作了特殊规定，《德国家庭劳动法》对家庭劳动者工资、工作时间、安全管制等方面提供了保护。❷ 此外，德国还发展出高级雇员的概

---

❶ ［英］史蒂芬·哈迪著，陈融译：《英国劳动法与劳资关系》，商务印书馆2012年版，第94-105页。
❷ ［德］曼弗雷德·魏斯、马琳·施米特著，倪斐译：《德国劳动法与劳资关系》，商务印书馆2012年版，第43-45页。

念,以解决高级管理人员的雇员身份问题。不仅如此,根据不同的立法场景,高级雇员的范围也会存在差异。

当然,劳动者分层保护关键在于选择科学的分层标准,建构合理的劳动者层级。劳动者分类层级较多,很容易导致规则的不成体系性,以及影响劳动法规的整体协调;劳动者分类层级较少,又会导致对某些特殊类型劳动者关注不足。换言之,劳动法采取劳动者分层保护制度,必须协调劳动者多样性与分层标准同一性的关系。

三、劳动法区分公司高管与普通雇员

各国正是考虑到不同类型劳动者之间的差异性,纷纷通过类型化劳动者并实现劳动者分层的立法思路,以关注劳动者的差异性,从而实现劳动规则配给的公平性。相较于普通雇员,公司高管存在权利义务特殊、管理强势与利益趋同等方面的特殊性,如果不加区分地将公司高级管理人员与普通劳动者等而视之,则忽视了上述差异。假如公司高管与普通雇员同样适用以倾斜立法为特征的劳动法调整体制,可能会造成对公司高级管理人员保护过度的问题,甚至会导致实质上的不公平。

正因如此,各国劳动立法区分了公司高管与普通雇员。概括而言,有以下三种立法模式。

一是在"雇主"的定义中明确"公司高管"在劳动法中属于雇主。例如,《日本劳动基准法》第10条规定:"本法中的雇主,系指企业主以及企业经理人或代表企业主处理企业中有关劳动者事宜的人。"

二是根据高管的经济特征,设置区分不同劳动者的法律标准,从而达到劳动法区分公司高管与普通雇员之效果。例如,澳大利亚将高收入内化为法律标准，建构了《澳大利亚公平工作法案》第 329 条之"高收入雇员"的概念。劳动者一旦满足"高收入雇员"之条件，那么将被排除适用《澳大利亚工作场所关系法》《澳大利亚公平工作法案》中的部分规定，如解雇保护规则。

三是不概括区分公司高管与普通雇员的差异，而是在具体的劳动法律制度中排除公司高管的适用。例如，《英国公司法》指出，在公司股份中拥有控股利益的董事不属于雇员；执行董事通常情况下被视为管理者而非雇员，除非有相反的证据证明。[1]

第一种类型概括地将公司高管纳入"雇主"当中，较好地避免了公司高管是雇主还是雇员的争论。但是，也应当看到公司高管内部的差异，定位为雇主的同时需要关注那些中低层管理者的地位。第二种类型只注重了高管的经济特征，并没有关注到高管的管理特征。在一些高科技企业和金融企业，普通员工的工资往往都有可能超过很多其他公司高管的待遇，很容易造成特殊群体排除适用劳动法的过度矫正。相较于前两者而言，第三种类型可以考虑不同类型高管在具体制度中的特点，从而可以精准地落实劳动法对于公司高管与普通雇员的区别对待。

鉴于我国劳动立法并没有公司高管等概念，因此在不破坏现行立法体制并且节约立法资源的情况下，可以考虑采取第三种立法模式在具体制度中通过例外规定，以区分公司高管与普通雇员的劳动法地位。

---

[1] ［英］丹尼斯·吉南著，朱羿锟译：《公司法》，法律出版社 2005 年版，第 265 页。

四、劳动法差异化适用公司管理人员

现代公司治理结构倾向于所有权和经营权的分离，使公司高管拥有广泛的公司决策权，这点是与普通劳动者最大的区别。但是，在认可公司高管与普通雇员的差异性并实施劳动法差异化适用的同时，也需要进一步认识到公司高管因职位不同，其权力也不同，这决定了劳动合同是否签订、签订内容及期限的影响力。换言之，公司高管内部也存在差异性和层次性，劳动法也需要对此进行回应。

对此，各国劳动立法与司法实践都做了卓有成效的探索。如前所述，《美国公平劳动标准法》将管理人员分为执行主管、行政主管两类，并且从报酬和职责方面对这两类人员的内涵在立法上进行了界定。加拿大把管理型雇员划分为经理（Manager）、监管人员（Superintendents）和执行经理职责的雇员。三类人排除适用法典的部分规定的程度并不相同，经理、监管人员和执行经理职责的雇员不适用关于工作时间的规定，经理被排除适用法典关于不当解雇的规定。《德国劳动法》区分了集体协议覆盖雇员、集体协议未覆盖雇员、高级管理人员，并对企业高层管理人员及高阶位白领雇员的保护程度作出了区分，对高级管理人员相关权利作出了详细的排除规定。具体而言分为以下类型：（1）排除适用，最典型、最主要的是工作时间的规定；（2）非该法所定义之劳工，最典型的为企业组织法；（3）被视为雇主，与劳工法院及社会法院直接被视为雇主地位，代表资方担任荣誉法官；（4）集体劳动关系主要适用高阶位劳动代表组织法，且其有选举权与被选举权；（5）部分条文适用，例如员工代表会共同决定权，则将团体协议约定适用范围外之白领高阶职员；

（6）部分排除适用，《德国白领高阶劳工劳动法令》第 3 条规定，不适用契约保护法关于解雇过程协商会之异议程序、社会因素之利益衡量或社会保障计划、第 9 条雇主得不具理由向法院请求解除劳动契约等规定。❶ 法国工时立法区分了三类高级管理人员：关键管理人员（Key Managing Executives）、综合管理人员（Integrated Executives）和其他高级管理人员。其中，关键管理人员不受工时法律规定的约束，综合管理人员在特定的情况下不受工时法律规定的约束。

这些国家劳动法差异化适用公司高管人员，折射其对于公司高管层级的认识以及不同层级差异的把握。简单地说，就是劳动法确定了区分不同类型公司高管的标准。例如，美国采取的是薪酬标准和职责标准，前者包括固定薪酬标准、起薪计算标准、高收入门槛标准，后者涵盖执行主管职责标准、行政主管职责标准。加拿大判断管理型雇员的标准有两个方面：一是负责监管其他雇员；二是公司业务运营中的角色。澳大利亚根据的是管理人员的经济特征。德国侧重劳动契约和企业中的地位两个方面。法国依据的是三个方面：一是履行高层次的职责，工作时间安排上具有广泛的独立性；二是具有自主决策的权力；三是从公司高层报酬中获益。透过这些林林总总的判断指标可以发现，无外乎是收入标准、职责标准以及与雇主的关联程度三个因素。❷ 换言之，收入标准、职责标准以及与雇主的关联程度是公司管理分层应考虑的主要因素。

---

❶ 郭玲惠：“德国白领高阶劳工劳动法令之适用——以工作时间排除适用为核心”，载《月旦法学杂志》2020 年第 1 期，第 7-8 页。
❷ 杨德敏：“公司高管劳动法适用问题探究”，载《社会科学》2018 年第 9 期，第 116-117 页。

据此，可以将公司高管类型化为三类：一是对公司经营管理活动具有决策权的管理人员，具体包括董事长、董事、监事、具有法人代表身份的总经理；二是对公司经营管理活动具有实际管理权的管理人员，包括没有担任法定代表人的总经理、公司的单位代表；三是对公司经营管理活动具有执行权的管理人员，包括公司副总经理、总经理助理、公司部门经理、董事会秘书、公司财务负责人。由此形成了公司高管所具有的雇主、准雇主以及雇员的三层结构，这为我国健全劳动法差异化适用公司管理人员提供了重要的经验。具体而言，在未来劳动立法修改与完善的过程中，可以考虑以下思路：第一类排除劳动法适用；第二类原则上适用劳动法，但在劳动合同解除、工作时间、参加工会、经济补偿金、违约金条款、二倍工资、举证责任、连带责任等方面限制适用劳动法；第三类适用劳动法，但在工作时间、参加工会等特定事项方面限制适用劳动法。

五、劳动法与公司法等规定有效衔接

从历史发展来看，公司高管是公司法等商事法律制度的常用概念，而且劳动法形成之初并不区分公司高管与普通劳动者。各国关于公司高管的规定主要体现在以公司法为核心的商事法律中，甚至可以说劳动者的规定也是源于民商法中劳务供给者的特殊规范。然而，伴随着经济社会的发展，公司高管成为劳动法差异化规制的对象，各国在借用公司高管概念时并未形成统一的含义。但是，这些国家都注重劳动法与公司法等商事法律制度的衔接，即确保宪法统一秩序下的劳动法与公司法等商事法的协调统一。

就公司高管与企业的劳务供给关系而言，世界主要国家普遍将其作为一种"委任合同",只有在特殊情况下这些国家才将公司高管与企业的劳务供给关系归为劳动关系。这就构成劳动法与公司法等商事法律制度衔接的逻辑起点,也是劳动法差异化适用公司管理人员制度的源头。具言之,这些国家劳动法与公司法等商事法律规定有效衔接体现在以下方面。

首先,法律价值不同情况下的公司高管概念的统一。由于公司高管在公司法上具有管理与被管理的双重身份,在劳动法上具有雇主与雇员的双重属性,因此公司高管在适用公司法和劳动法时可能产生不一样的结果。这是因为公司法与劳动法的价值取向不同。劳动法属于社会法的范畴,其主要价值追求是保护劳动者利益,维护社会公平,促进社会发展。而公司法的价值是追求公司自治,强调权利义务的平等保护,追求公司利益的最大化,属于私法范畴。但是,价值冲突不一定代表概念内涵的割裂。劳动立法完全可以参考公司法关于公司高管的界定,融入劳动法的价值具体建构适用规则。如英国公司法对控股股东兼董事和执行董事与公司之间的关系作出规定,英国劳动立法与司法实践对此予以尊重与承继。

其次,公司与高管的委任关系优先于劳动关系。公司高管与公司之间的劳务供给关系的性质,往往存在委任契约和劳动契约的区分。其中,委任契约为德国、法国、日本公司法所采信。例如,《德国公司法》规定,该法所称之股份有限公司管理委员会成员、有限责任公司中的经理并非雇员。《日本商法》更是直接规定,公司与高管之间的关系,依据委任契约的规定。[1] 事实

---

[1] 张翼飞:《公司管理人员劳动法适用问题研究》,华东政法大学 2012 年博士论文,第 94-95 页。

第三章　域外公司高管劳动法定位问题比较研究

上，公司高管与公司法律关系在出现重合时，劳动法律关系是最基本的关系，在本质上也是与公司存在的核心性的、基础性的关系。而公司高管与公司的委任关系是基于信任委托才形成的关系，可以理解为与公司形成特定的或特别的关系。由此可以得出以下结论，即公司与高管的委任关系优先于劳动关系，公司法优先于劳动法适用。因此，在考量公司高管劳动法适用问题上，需要回归公司与高管关系的本质。只有在此基础上，方可实现劳动法的规制目标。

最后，视公司高管的类型适用劳动法或公司法。根据劳动法差异化适用公司管理人员的归纳，不同类型的公司高管，区别适用两部法律。具体来说，对公司经营管理活动具有决策权的管理人员只适用公司法不适用劳动法；具有实际经营管理权的公司高管，在公司部分经营管理活动中，可以代表公司处理事务，同时与公司的从属性关系比较明显，兼有雇主和雇员双重属性，此类公司高管与公司形成不同的法律关系，分别适用劳动法或公司法。具有公司事务执行权的公司高管，经营管理权力较小，一般只负责事务性的执行工作，受公司和上一级别的公司高管指导和管理，雇员属性明显，除工作时间、参加工会等特别事项外，应主要适用劳动法，不适用公司法。进一步而言，明显具有双重属性的同一类型公司高管，视其不同事项区别适用两部法律。

本章基于英美法系和大陆法系的典型国家——英国、美国、加拿大、澳大利亚、德国、法国、日本的劳动法规与司法实践分析得出，英美法系国家强调劳动关系认定中的控制性，即雇主对雇员具有某种控制权；大陆法系国家尤为注重劳动关系认定中的从属性，即雇主与雇员是一种从属关系。不论英美法系还是大陆法系，对公司高管劳动法之定位均置于雇员与雇主的界定及其关系认定中。

通过比较分析发现，尽管各国因政治、经济、文化和社会等方面存在差异而对公司高管有着不同的理解与分类，但是它们对于公司高管的劳动法定位具有很多共通之处，如坚持劳动法适用采取劳动者分层的保护理念、严格区分公司高管与普通雇员的劳动法地位、注重劳动法差异化适用公司管理人员、强调劳动法与公司法等规定有效衔接。这些经验与启示为我国公司高管劳动法适用立法及其制度健全提供了有益借鉴和方案参考。

第四章 公司高管区分适用劳动法与公司人力资源管理

公司高管区分适用劳动法,从丰富劳动法理论、完善劳动立法、解决劳动争议司法实务困境、优化人力资源管理等方面而言具有必要性;具体适用时,应坚持从属性、控制程度差异性、社会本位、特殊限制等原则。

第一节 公司高管区分适用劳动法的必要性

一、有利于丰富劳动法基础理论

劳动法属于社会法,具有公私兼有特征。我国《劳动法》第1条规定:"为了保护劳动者的合法权益,调整劳动关系,建立和维护适应社会主义市场经济的劳动制度,促进经济发展和社会进步,根据宪法,制定本法。"劳动法最终目的是实现和谐的劳动关系,公司高管区分适用劳动法契合劳动法的宗旨,有利于实现实质平等,实现社会利益平衡的目标。

(一)实现劳动法实质平等的需要

"法律面前人人平等",这是宪法的基本原则之一,当然也是劳动法的基本原则。劳动法脱胎于私法,但又不同于私法,劳动法为了实现倾斜保护的宗旨必然不能直接适用私法领域的平等原则。因为劳动法所调整的劳动关系实质上有人身属性和财产性,以及平等性和隶属性(也称为不平等性)。如果直接适用私法的平等原则来调整劳动关系,则会出现表面平等,但实质上不平等的现象。当前,我国劳动法并未对劳动者作出区分,对劳动者均采用一致的和统一整体性的保护标准,这样的倾斜保护实际有违劳动法平等原则。公司高管在面对用人单位时,与普通劳动者并非处于同一水平的弱势地位。将公司高管和普通劳动者放在同一水平对待,势必会令劳动者不能被平等对待,特别是随着经济的发展,越来越多的劳动法难题出现,将公司高管区分适用劳动法是追求劳动法实质平等的体现。

(二) 实现劳动权平等保障的需要

法律是为了保障人权而产生的,法律同样依赖人权的保障。❶ 保障基本的劳动权利是人权保障的重要内容之一,宪法赋予人劳动权。人权保障的理念贯穿宪法,同时也贯穿我国劳动法。我国人权保障法律体系的提升离不开劳动法的发展。将公司高管与普通劳动者区分适用劳动法,也是以保障人权为基础,实现劳动者人格权利和社会价值的最大化。❷ 劳动权平等是劳动法的重要理论基础,也是劳动法的基本原则,在劳动就业、劳动基准、劳动保护等领域都应体现劳动权平等,公司高管区分适用劳动法,可以平等、有效保护不同类型劳动者的劳动权,进一步丰

---

❶ 董保华:《劳动合同立法的争鸣与思考》,上海人民出版社 2011 年版,第 48 页。

❷ 曹静:"论劳动者分层保护的法律规制与模式重构",载《中国劳动》2015 年第 1 期。

富和完善劳动法基础理论。

（三）平衡协调公司高管、公司与普通劳动者之间的利益关系

劳动法立足于倾斜保护劳动者利益，促进社会和谐、进步和发展，从而实现社会整体利益的提高，区别适用劳动法能够真正体现公平公正，有利于平衡协同和维护各方利益。公司高管作为比一般劳动者更为强势的劳动者，容易造成用人单位和普通劳动者受到不必要的损失，必然导致劳动者与用人单位之间处于一个利益不平衡的状态，这违背了劳动法追求的和谐劳动关系的目的，使得劳资关系不稳定，无法真正地保护劳动者的合法权利。在劳动法中应当对公司高管和普通劳动者加以区分，对公司高管进行差别分层适用劳动法，平衡劳动者和用人单位之间的利益，是市场经济发展的内在需求。

二、有利于为完善劳动立法提供理论支撑

劳动立法过程中没有充分考虑劳动者内部差异。劳动法脱胎于私法，在劳动法产生之前，劳动关系由民法调整。民法属于私法，私法忽视了不同的人之间能力的差别，执着于将人抽象化看待。❶ 私法中的主体是被平等对待的，不需要考虑主体之间的差异，如经济水平、社会地位和收集信息的能力等。民法从不区分企业主或劳动者的区别，只要符合成为主体的条件，就是民法上的人。我国劳动法同样也不区分劳动者，随着经济快速发展，我国的社会阶层结构发展趋于多元化，劳动者也趋于多元化，不仅

---

❶ [日]星野英一著，王闯译：《私法中的个人》，中国法制出版社2004年版，第33-34页。

劳动者与用人单位的关系出现多元化，劳动者之间的差距也愈发明显。如果劳动法继续将劳动者视为一个抽象的整体，势必会导致劳动法的保护出现偏颇，存在保护不足和保护过度的现象。劳动法的关注重点在用人单位与劳动者之间的纵向区别，缺乏对当前劳动者的横向区别的关注，使劳动者的定位过于抽象。

实际上劳动者是具体的，劳动者这一主体是由每个独立的劳动者个体组成。公司高管这一类型的劳动者和普通劳动者并非处于同一弱势地位，公司高管往往属于强势的劳动者，其身份具有双重性，一方面与普通劳动者一样受雇于公司，另一方面又作为公司的代理人履行决策职能、领导职能和监控职能。公司高管和普通劳动者都属于劳动法中"弱势群体"的成员，但相对于雇主的"强弱"程度不同，❶ 很明显公司高管属于"弱势群体"中的强势者。公司高管在英美法系等国家和地区的立法中，区别于普通劳动者，劳动法的某些规定不得适用于公司高管或者对其限制适用。

值得一提的是，目前我国的劳动法某些法条间接体现了区分适用劳动法的理念。《劳动合同法》第23条和第24条规定了高管的竞业限制和违约金，《劳动合同法》第47条规定了对公司高管的经济补偿金的上限。这些规定既保护公司高管作为劳动者的权利，同时也限制了作为强势劳动者的公司高管损害用人单位的合法利益。虽然这些规定体现了立法者对于劳动者存在差异性一定程度上的考量，但目前我国的劳动法实际上仍然将劳动者作为一个抽象的群体来看待。劳动者的分化和劳动者利益的分层越

---

❶ 谢增毅："我国劳动关系法律调整模式的转变"，载《中国社会科学》2017年第2期。

来越详细，导致劳动者地位的差异。倘若继续给予劳动者同样的倾斜保护，会导致劳动者之间的不平衡，加剧劳动者之间的差异。公司高管区分适用劳动法是将劳动者按照强弱层次划分，是将抽象的劳动者具体化，有利于为完善劳动立法，调整劳动者的适用范围提供理论依据。

三、有利于解决公司高管劳动争议法律适用问题

公司高管的身份具有双重性，其与雇主和劳动者身份存在一定程度的竞合。目前公司高管既要符合公司法的条件，又要遵守劳动法的规定，但是公司法和劳动法对于公司高管的规定存在冲突，使得司法实践中针对公司高管劳动争议案件难以准确适用法律。例如，《公司法》中规定公司高级管理人员的聘任、解聘由董事会、股东会决定，这与《劳动合同法》的规定存在冲突。《劳动合同法》中规定劳动合同的变更需要双方意思表示一致。《公司法》中解聘是董事会或股东会的意志体现。这一法律冲突会使现实中出现可以解雇公司法层面的公司高管，却无法解雇劳动法层面的公司高管的尴尬局面。

本书导论部分典型案例二"上海某公司与王某案"，王某2004年进入上海某公司，担任副总经理，2012年12月担任总经理。2014年5月12日上海某公司董事会通过解除王某总经理的议案，次日上海某公司以王某严重违反公司规章、失职、对公司造成重大损害为由，解除了劳动合同。最终法院认定上海某公司解除劳动合同违法，判令恢复劳动关系。该类案件产生的根本原因就是劳动法中对劳动者概念的缺失，导致实践中对公司高管如何适用劳动法没有定论，而用人单位和公司高管都各自主张利于适用自己的法律。司法实践中，法官对此类案件有较大的自由裁

量权，因此出现了同案不同判的现象，由于缺乏对公司高管劳动争议案件"区别适用，分类处理"的理念，导致法律的威严性遭到损害。

公司高管区分适用劳动法，有利于帮助裁判者在审理案件时准确适用法律，也可以让这类案件法律适用问题从源头得以解决。将公司高管的特定事项作出特别规定，区分适用劳动法，可进一步明晰公司高管与公司的法律关系，解决劳动法和公司法的适用冲突，化解公司高管劳动法适用困境，从这个角度来说，也是司法实践所必需。

四、有利于劳动法最大限度地发挥对人力资源管理的优化作用

人力资源管理（Human Resource Management，HRM）发展至今，早已成为管理学领域不可或缺的一部分，人力资源主要是指通过科学的管理方法，通过招聘、甄选、培训等手段，使得人力资源的优势发挥到最大化，充分实现最优组织绩效。简言之，人力资源管理就是对人力资源的获取、整合、激励、控制等全过程。[1] 学界一般把人力资源分为六个模块：人力资源规划、招聘与配置、培训和发开、绩效管理、薪酬管理、劳动关系管理。人力资源管理和劳动法所调整的劳动关系存在一定的重叠部分，人力资源管理发展初期更是以劳动管理的形式存在，劳动法和人力资源管理是相互影响的，只有二者和谐发展，才能实现劳动关系的和谐存在，实现人力资源管理的优化效果。

---

[1] 王砚溢：《现代人力资源管理对国有企业的影响》，华中师范大学 2012 年硕士论文，第 6 页。

第四章　公司高管区分适用劳动法与公司人力资源管理

对于公司高管区分适用劳动法，是将原本抽象的劳动法主体进行具体化分类。公司高管作为目前劳动法的主体，同时也是人力资源管理中的重点关注对象。劳动法未对公司高管区分适用，使劳动法保护的权益和人群过于宽泛，尤其是劳动者权益保护意识日益高涨，对于自身权益遭到损害时大都会通过法律武器来维权，使用人单位在使用劳动资源时产生更多的劳动纠纷，增加了用人单位处理劳动纠纷的成本。公司高管在离职时与用人单位发生加班工资、经济补偿金、合同解除、竞业限制协议等问题并不少见，又因为公司高管身份的特殊性，公司高管产生的用工成本相比普通劳动者更高，会降低管理效能，制约人力资源管理水平的提高。劳动法对公司高管区别适用，既可维护公司高管的利益，又维护了普通劳动者的利益，还维护了公司利益，实现了人力资源管理优化。

公司高管内部同样存在差异性，如果将公司高管分层保护，将有利于劳动法最大限度地发挥人力资源管理的优化作用。六大板块中最受影响的是薪酬管理以及劳动关系管理。公司高管与用人单位发生经济纠纷通常是加班费、经济补偿金、工资等方面问题，问题根源是公司高管应当如何适用劳动法，这一直没有定论，将公司高管区分适用劳动法会使人力资源管理中的薪酬部分更加清晰透明。在劳动关系管理板块，公司高管身份特殊，与用人单位更类似处于平等地位，公司高管和用人单位在订立合同或解除合同时经常会发生法律适用争议问题，实际上不同的公司高管对公司经营管理权限是不同的，有具有公司经营管理决策权、具有公司实际经营管理权、具有公司事务执行权之分，对不同层级的公司高管区别适用劳动法，有利于解决公司高管的薪酬纠纷，促使公司高管履行职责。公司高管区分适用劳动法，在人力资源管理的过程中,相关主体职责将会更加明确,更有利于规范合同管理,保障员工合法权益,维护公司利益,提高人力资源管理水平。

第二节　公司高管区分适用劳动法视野下公司人力资源管理的优化

笔者主张打破"一刀切"的统一调整模式,对公司高管应否适用劳动法采取区分论的观点,即先通过对公司高管进行类型化的划分,区分高管的不同类型而决定其是否属于劳动法应该倾斜保护的主体。此种区分理论不仅对劳动法的适用有其价值,也可在某种程度上指引公司人力资源管理的进一步优化。

一、完善公司人力资源管理规划

一个企业要想在激烈的市场竞争中保持强劲的发展活力与核心竞争力,就必然需要拥有高端的人力资源和高效的人力资源配置。人力资源管理规划（Human Resource Planning,HRP）是一项系统的战略工程,它以企业发展战略为指导,以全面核查现有人力资源、分析企业内外部条件为基础,以预测组织对人员的未来供需为切入点,内容包括晋升规划、补充规划、培训开发规划、人员调配规划、工资规划等,基本涵盖了人力资源的各项管理工作,人力资源规划还通过人事政策的制定对人力资源管理活动产生持续和重要的影响。人力资源管理规划是实现企业发展规划长期目标与战略目标的前提,也是企业总体发展规划的重要组成部分,更是对公司进行人力资源开发和管理提升的基础。基于此,要想实现企业高质量发展,在顺应公司高管区分适用劳动法

第四章 公司高管区分适用劳动法与公司人力资源管理

的趋势下,确有必要对公司人力资源管理规划进行适当调整与优化。

(一) 完善企业规章制度

企业的规章是每一个企业都需要制定的重要文本规范。它不仅对企业内部的运营管理起着规范作用,而且还明确了企业内部每一个劳动者该有的权利与义务,十分重要。无论你是这个企业的普通劳动者,还是企业的高管,都必须要共同遵守企业的经营章程,只有普通劳动者与公司高管都严格遵守企业制定的各类有关规定,才能够确保一个企业可以做到对内协调管理,对外有序交易。在制定公司内部规章时,应该对一般岗位与管理岗位加以区分,因不同类型公司高管区分适用劳动法,更有利于对公司不同类型高管进行管理规划。因此公司的相关规章制度可以在此基础上通过自我完善与优化来协调好公司高管与公司之间的关系。比如说公司可以通过制定有关条款,以公司相关规章对任何一方有越权或是对公司有不利的行为进行相应处罚,这样既可以减少企业高管在处理事务时造成不必要的违法违规行为,又能够对企业的运行进行更为高效的调节。

此外,从公司高管对于整个公司的依附性而言,公司高管属于劳动者一方,受雇于整个公司,也就是说,其经常可以以劳动者的身份并居,那么这就会导致在对公司进行管理的过程中,存在公司高管自己管理自己的情况出现。但是在现实中,高管往往会因为自己处于高位而无法严格按照公司章程规定来对自己进行同样严苛的管理,进而出现"腐败"的现象,为了避免公司高管既做"运动员"又做"裁判员"的现象发生,针对一些管理岗位的规章制度也可以交由公司董事、监事加以制定,或者可以通过股东大会的审议,并广泛听取普通员工的意见来制定。

(二）提升管理团队的专业素质

公司在订立人力资源管理规划时，应当在考虑当下人才市场竞争激烈的环境因素下，必要、及时地提升其内部人力资源管理团队的专业素质，其中主要包括以下几个方面：一是公司应将经理等管理人员纳入考虑，及时、有效地完善其内部人才引进机制，在员工岗位设置上，既包括管理岗位，也包括一般岗位，了解公司真正的需求，从真正的需求当中去选择招聘最合适的人才，注重其专业性和实践能力的培养，提升管理效率，优化人力配置；二是公司应区分性地为员工做好职业生涯规划，给不同类型与层次的员工提供有效的晋升渠道，实现其成长的公平公正；三是公司应加快其不同层级的人才梯队的建设，这也是公司高管区分适用劳动法给公司人才建设带来的启示。这可以合理满足公司真正的内部需求及其业务需要而储备足够的人才，同时基于公司人力资源管理制度的完善，员工的晋升路径得以确保，员工激励机制得以完善，在不断激发员工工作热情的基础上，也有效保障了公司利益的增长与公司权益。

二、合理制定公司招聘与配置方案

公司招聘方案设计的原则是招聘工作的指南针，它的有效性直接决定着公司招聘的质量和工作成效。根据区分理论，针对高管等特殊岗位应实施特殊政策予以应对。针对公司高管，为其量身订制相应的招聘与配置方案是恰当的，这有利于保障公司的招聘与选拔活动得以有效开展。要在公司高管区分适用劳动法视野下制订出合理的公司招聘与配置方案，可以参照以下两个方面。

第四章　公司高管区分适用劳动法与公司人力资源管理

（一）建立有区分性的公司招聘选拔制度

公司的高层管理者的选拔和储备任用以及淘汰对公司战略发展有着重要的意义。对于公司高管的招聘当然应该有更加严格的要求。在录用条件方面，也就可以约定更高标准的录用条件。如果不在招聘公告中对此明确写明，未来如果认为公司高管在试用期不符合录用条件，此时公司要解聘高管就会面临劳动法上的障碍。根据劳动法的规则，不符合录用条件才能够构成试用期解聘的法定事由，而在一般情形下的解聘则更为严格。劳动法以倾斜保护劳动者为其价值追求，因此，若不加区分地将董事、监事等公司管理人员纳入劳动者保护的范围，会泛化劳动者保护的价值。长此以往，普通员工对劳动法的认同将受损，出现劳动权益保障不力，其流失也会加剧。在我国劳动立法尚未明确对公司高管与普通员工进行区分的情境下，公司在其人力资源招聘与配置层面可以基于其自治的要求，区分不同劳动者身份，制定相应的政策，也就能够真正实现对劳动者的保护。

（二）建立严格的高层管理者淘汰机制

除了需要构建合适的有区分性的选拔任用机制外，还应该建立起严格的高层管理者的淘汰机制。比如说对于连续几个月无法完成部门绩效考核目标的高层管理者给予警示性公告或提出留任察看一个月的提示，超出考核月仍未完成将不能继续担任原职务，由公司重新进行任命或推荐产生新的管理者。除此之外，对于那些长期未能完成绩效考核目标的高层管理者，可以按照目标责任书签署的自罚承诺履行，也可以由公司对其进行相应解聘淘汰。因为公司高管的地位并不像那些普通劳动者一样，董事会之所以愿意花高薪去聘请这些高级管理人员，并且在很大程度上赋予他们对公司运营等方面的决策权和重大影响的权力，就是希望能够借助他们身上的人才优势为公司创造更大的利益与商业价值。如果公司根据自己制定的内部考核评价标准与判断能力，认为它所聘请的公司高管没有能力为公司创造更高的价值以及更大的利益，公司就可以按照它制定的淘汰机制自由解聘无法胜任的公司高管职务，而没必要按照对待普通劳动者的解聘淘汰标准进行，这也是基于商法追求经济与效率基本原则的考量。允许对公司高管进行无因解聘，确保有经营管理能力的人来管理公司，以改善公司业绩，减少股东损失，是有效的公司治理机制的必然结果。对公司高管的职务解除，应该视为劳动合同的解除。虽然有学者认为无过错的职务解除不等于劳动合同的解除，但是基于高管的特殊性，解除职务后劳动关系的基础其实已经不存在了。高管职务已经解除，继续履行无法进行。而高层管理的职务可能只有一个，单方调岗的合理性又难以把握。这种结果实质上已经摧毁了继续建立劳动关系的基础，高管基本上也不会接受这种单方调岗，所以这种情况下应该将职务解除视为劳动关系的解除。❶

三、有效培训与开发公司员工潜能

人力资源管理的另一项关键要素是有效培训与开发员工潜能。在《劳动合同法》实施以前，因为没有对违约金进行明确系统的规定，公司可以利用高额违约金限制公司高管等核心管理人员跳槽，但在《劳动合同法》正式实施以后，员工承担违约金的情形被法律进行了严格的限制，如此一来，公司高管离职现

---

❶ 李娟：" 公司解聘高级管理人员的法律适用"，载《广西质量监督导报》2021年第4期，第288页。

第四章　公司高管区分适用劳动法与公司人力资源管理

象频发，而用人单位却往往无可奈何。因为《劳动合同法》规定只有由用人单位提供专项培训费用进行的专业技术培训才能跟员工约定违约金，这就启示了许多的公司在对高管区分适用劳动法的基础上，可以针对公司高管与普通员工的差异，进行区别对待，采取不同的培训方式，这样既有利于挖掘不同类型员工的潜能，又能避免在现实中常常出现用人单位还未追索到应有的违约金就不得不让受训员工离职的窘困情形，有效防止企业"为他人做嫁衣"。要进行有效的员工管理培训，积极开发员工潜能，可以从以下几个方面入手。

（一）明确厘清培训种类

不同的培训往往有不同的培训方式，也会涉及不同的管理方式。就公司高管来说，提升他们的管理经验与管理水平尤为重要，而要对公司高管做好这方面的培训与潜能开发存在一定难度，只靠简单的授课讲授与学习模仿很难达到有效提升高管群体业务素养能力的理想效果。其实对于公司高级管理人员，还是要尽可能多地给予他们晋升的空间与机会，激励他们不断主动地去提升自己的业务管理能力。不同于偏向管理型的公司高管人员，技术性工种人员更适合于让他们进行机械化的简单学习与模仿，对他们进行以老带新的传承与培训方式较易产生良好效果。当然，这并不意味着公司高管不需要进行培训，而是对他们的培训与潜能的开发更多的是要注重素养的提升、格局的拓宽这两大方面，比如说公司可以视实际情况邀请优秀师资进行人文素养的培训。

总而言之，为了让员工尽快适应上岗的工作要求，每个公司都会相应进行入职培训，这样简单的入职培训可以交由企业内部负责，由企业请内部资深老员工进行，无须花费额外的培训费用，至多算作一般的企业教育经费。对于此类入职培训而言，一般不太会涉及很多法律问题，没必要另行签订协议。但是对于那些需要对员工进行企业制度等方面培训的一些企业而言，最好还是可以保留一些书面材料来证明企业曾经对员工公示过相关制度，以备不时之需。另外一种旨在提高在职员工工作效率与业务素养的专业技术培训，是需要企业花费一定成本的，也可以说是对这些在职员工的成本投入了。大部分针对公司高管的专门培训就是这类，该类培训就可按照《劳动合同法》的规定，约定服务期条款，以免公司投入高额培训费用，却是"为他人做嫁衣"。为此，企业一般要提供相应的专项培训费用，这就会牵涉很多法律问题，所以在处理时要慎重，制度中要尽量详细规定，避免不必要的争议，更避免"为他人做嫁衣"。

（二）精准安排培训计划

相信绝大多数企业都会在员工入职阶段对其进行培训，以促使员工尽快适应岗位需要。企业在每次招聘完成时都应该对培训的内容、方法、形式、人员等一系列问题做出尽可能详细且精准的培训计划来满足企业的需求。员工入职后的在职期间，企业往往也还会提供一些专项培训费用对一些专门人员进行一定程度与范围上的专业技术培训，以便最大程度提高这部分工作人员的业务素养与工作管理能力，促使企业能够运营得更好、获取更大的商业利益。那么，在此情况下，企业对培训方式、参训人员、违约责任约定等一系列问题都需要在培训计划中有相对应的较为精准的明确说明，当然如果这些相关问题之前已经在企业的培训管理制度规定中说明过了，这些问题就自然而然不必再在此处重复申明。在对不胜任员工进行培训时，采用什么模式的培训方法、相关的书面材料保留与否、岗位如何处理等许多问题也都需要在相关的培训计划中有所明确。

(三) 合理设置培训内容

为了实现企业员工能够尽快了解知悉企业相关规章制度的目的，企业的入职培训可以把制度内容的培训作为重点。这样能使企业的规章制度很快对企业员工产生有效的约束力。同时，在对员工进行培训的各个阶段中应该要保留好相关的入职培训记录，比如说可以采用对所有参加培训的人员进行签到记录的方法，也可以采用规定所有参加培训的工作人员每日按时上交培训日记或者培训心得，一旦有违规未交者，就可以按培训不合格对其进行处理，重新进行培训等各种类似的方法。如此一来，企业就可以保存到相对完整有效的书面材料。如果是利用专项培训费用进行的专业技术培训，一般来说这种类型的培训都是在员工的试用期满以后才开始进行，但是如果碰上合适的具有较强工作能力且企业迫切需要在刚入职就对其完成入职培训的新员工，就尽可能地要在培训的相关内容中明确不与该员工约定试用期。

四、细化公司绩效管理导向

构建合理绩效管理体系是目前公司在对高管进行激励过程中必须要注意的重要问题。公司必须要明确对高管团队进行绩效管理与激励的重要意义，因为在整个公司的管理中，对高管的绩效管理是所有管理中的关键。唯有管住高管，才能进一步激励普通员工。因此，为进行绩效管理而设立的考评制度，也就应进行差异化处理。针对公司高管，其管理能力乃至整个公司的绩效都应成为对其考核的关键，同时成为对公司高管胜任能力的具体指标。公司高管区分适用劳动法，更有利于针对不同岗位的公司高管建立绩效管理指标体系，以引导其行为朝着公司利益最大化的目标努力，并在一定程度上解决信息不对称导致的代理难题。因此如何构建一个合理的公司绩效考核管理体系就尤为重要。对此，公司高管区别适用劳动法，有利于细化公司绩效管理，促进公司人力资源管理优化。

（一）进一步明确绩效考核责任

只有当公司的决策层都高度重视并且能够亲自参与绩效考核管理工作，才能够推动绩效工作与公司战略目标的有机结合，从而实现公司高质量发展。所以进一步明确绩效考核责任制度，促使公司管理层改变陈旧观念，不再和从前一样把公司绩效考核仅仅当作一项人力资源管理工作，而是要学会主动地强化绩效考核的组织管理架构，更是要把公司绩效考核提升到和构建完善的企业行政管理体系、实现公司战略管理目标一样的高度。同时，还要注意设计的绩效考核体系必须迎合公司高管绩效考核的实际需求。此外，还要进一步明确考核管理实施人的责任，必须要切实落实公司管理层的沟通责任，增强公司人力资源管理部门与高管之间的相互沟通，以便更好地实施绩效考核工作，最终促进优化企业行政管理的重要环节。在公司内部要将绩效考核体系和机制的构建纳入公司战略发展规划，通过战略承接将基于胜任力模型的绩效考核体系进行推广。

（二）加强对绩效考核主体的培训

绩效考核作为一项系统工程，参与考核的相关部门和人员必须具备完善的考核知识，以便实现考核目的，在进行绩效考核优化的实施过程中，加强对考核主体的培训至关重要。具体来讲，需要通过培训让公司的高管认识到绩效考核的必要性和重要性，必要时可以让部分高管参与季度绩效考核体系的设计与优化过程当中，让其既作为被考核者又作为考核者，增强绩效考核优化意识。另外，作为人力资源管理部门，则更需要着重自身的相关知识学习与所负责团队的培训，让全体高管与人力资源管理部门融合为一个整体，使其对考核的意义、内容和流程有相对完整和清醒的认识，使绩效考核工作成为一项组织行为，减少实施与推动的阻力，用共同认知形成合力，促进绩效考核的实施与结果应用。

（三）借助信息化强化绩效考核过程监控

随着 SAAS 等云端软件的逐步普及，其功能和灵活性大大提高，建议公司基于现有的 HR 管理系统进行相关绩效考核模块的实施，提高工作满意度与准确度，强化对绩效考核过程的监控，同时还有助于后续绩效分析工作。另外，绩效考核需要始终紧密结合国内外市场形势，及时调整经营方向，不断结合自身所积累的行业优势，进行业务拓展以及内部经营管理战略调整，实现公司经营业务的战略转型。基于胜任力模型的高管绩效考核体系设计，首先开展公司战略目标分析和经营管理目标分析，其次在公司实际情况以及工作要求密切联系的基础上构建公司高管的胜任力结构，将这些胜任力的关键组成要素充分体现在绩效考核工作的全过程。

（四）注重绩效考核结果反馈与改进

在绩效考核结果形成之后，一方面要遵循公开原则，对考核结果进行公开；另一方面要及时施行绩效考核面谈与绩效辅导工作，将考核结果直接反馈给相应的高管人员。具体来讲，就是对于绩效考核过程中的关键指标偏差，要及时与相关人员进行面对面的沟通，一方面，使高管能够信服考核结果，督促高管的改正与进步；另一方面，由于考核工作的复杂性和长周期性，在考核过程中难免会出现一系列的错误与偏差，还包括某些主观因素导致的考核结果偏离，因而在考核机制设计的时候要充分考虑考核反馈与申诉，及时为高管的考核申诉提供便利通道。

五、强化公司薪酬福利管理

同样作为劳动者，由于公司高管和普通员工所处的岗位不同，他们工作的内容与性质也不同。高管主要负责对公司的经营和投资进行管理与决策，他们的工作内容与性质需要发挥一定的创造性，也承担一定的压力，影响着公司的存续与发展。而一般的普通劳动者的工作大多是一些机械性的重复内容，无须太大发挥自身的创造性，他们的工作内容虽然在某种程度上影响着公司业绩，但不会对公司的发展造成实际的影响。因此把二者同等对待，支付无差异的薪酬就会有失公平。故而差异化地对这两类人支付薪酬、给予福利，强化公司薪酬福利管理就确有必要了。在公司薪酬福利管理层面，公司高管的选择余地更大，谈判能力更强，薪水的高低与晋升空间往往是其考虑的重点。因此，在公司高管的薪酬管理方面，更适合采用正向激励的模式，而非反向威慑的方法。在这方面比较成功的有华为公司，华为公司一直执行高薪激励政策，这一方面为公司集聚了大量高精尖人才，另一方面培养了公司"贵族"，他们成为公司的"沉淀层"，对公司的良性发展产生了一定的影响。

与此同时，无论是违约金还是经济补偿金的适用都更为特殊。在违约金方面，普通劳动者只能在极为特殊的情形下才负有支付违约金的义务，如接受培训约定了服务期等。而公司高管除

第四章　公司高管区分适用劳动法与公司人力资源管理

了受到劳动法调整，还受到公司法的调整，对公司负有信义义务。因此，公司可以通过聘任合同的订立，基于自愿与充分协商的基础上，与公司高管约定更为广泛的违约责任条款，以此保护公司利益。针对经济补偿金，由于劳动法限定了经济补偿金的限额，那么公司即便与高管约定了更高的经济补偿金条款，也会因为违反强制规范而失去效力，更有利于公司薪酬福利管理。因此强化公司薪酬福利管理也是在不断适应公司高管区分适用劳动法的趋势表现之一。具体来说，可以从以下几个方面着手，设立对公司高管具有激励性的薪酬福利体系。

（一）形成对内公平、对外有竞争性的激励体系

激励性薪酬管理的关键在于对内部进行公平支付，这一点毋庸置疑。而激励性的薪酬体系建立不仅仅只强调内部的公平性，更需要关注如何促进实现外部竞争，真正对公司员工起到有力的激励作用，发挥激励性薪酬管理体系的优势。公司层面需要做到的就是，首先充分去了解一些行业内专业人力资源管理机构发布的相关行业高级管理人员的薪酬水平与结构调查报告。其次要能够根据相关数据并且结合本公司实际薪酬结构来进行对比分析，明确知道本公司薪酬发放水平与市场平均水平相比的不足之处，从具体的方面入手不断优化本公司薪酬结构，完善薪酬管理激励体系，真正打造出对内公平、对外具有竞争性的薪酬激励体系。

（二）对高管要形成激励和约束并重的薪酬方案

对于公司高管的薪酬而言，如果差距过小，一般来说很难调动公司高管工作的积极性，无法激发高管工作潜能，为公司创造更大价值。所以把公司高管的薪酬差距控制在合理的水平和区间，可以激励公司高管，调动他们的工作积极性，帮助实现企业

高绩效经营目标。因此公司需要做到以激励性为第一目标，设计出一套对高管激励与约束并重的薪酬方案。比如公司可以根据专业人力资源管理部门发布的相关行业高管人员薪酬水平数据，适当调高本公司高管薪酬水平，使其在同类市场中占据一定的优势地位。同时也要注重对公司高管薪酬进行一定的约束，可以把公司高管的绩效薪酬与部门业绩发展与绩效提升挂钩，也可以将周边绩效和上级部门绩效一同纳入绩效薪酬发放考核范围，在激励高管人员工作积极性的同时，加强对高层管理者的激励约束。

（三）注重对高管进行长期激励

由于高层管理者所处的岗位性质与普通员工大有不同，他们的存在往往对于企业的经营存续与长远发展起到重要作用，需要注重对这类人群进行长期性的激励与特别贡献激励。而股权激励就是一种实现长期激励和特别贡献激励的有效激励手段。股权激励不仅可以化解代理人和委托人之间的利益偏差，有效阻止经营者道德风险发生，而且还可以有助于提升公司业绩水平、提高高层管理人员个人绩效。注重长期激励与特别贡献的激励就会要求对公司高层管理人员进行更长时间、更宽范围的考核，而且会把考核的重点放在这类高管人员为公司持续性高水平发展作出的贡献上。因此在设置长期激励与特别贡献的激励方面需要着重体现高管年度贡献。具体来说，就是公司可以基于公司绩效与高管持股比例之间的相关性考量，适度增加高管手中的持股比例，激发高管人员工作积极性，从而有助于推动企业绩效的提升。

六、提升公司劳动关系管理水平

区分理论可以指引公司提升其劳动关系管理水平，"因材施

第四章　公司高管区分适用劳动法与公司人力资源管理

治",针对管理。在与公司高管建立法律关系时,应通过合同条款的设计明确双方是劳务关系还是劳动关系。具体来说,若是聘任特定人员担任高级管理人员,则应明确与其签订聘任合同关系,而不能因为公司高管也属于劳动者,就与其建立单一的劳动合同关系。如上所述,公司高管不仅有管理者身份,也有员工身份。这也是由公司法与劳动法的双重调整所决定的。正因如此,公司治理的法治化也就要求公司在劳动关系管理层面,分别依照公司法与劳动法的要求来建立、变更或解除相应的法律关系。在招聘与解聘管理时,就要明确是按照公司法还是劳动法来进行。劳资谈判时,公司高管自然也应当纳入管理者这一方,而不宜作为劳动者代表或者加入工会,这样有利于规范公司劳动关系管理。

(一) 协调公司法与劳动法之间的冲突

公司法与劳动法之间的矛盾主要表现为公司高管职务解聘与劳动合同解除的争议。一般在现实情况中,董事会享有根据合法程序作出是否解聘公司高管的决议的权力,董事会作出的对公司高管的解聘决议并不会因为劳动法中存在对劳动者权益维护的相关规定而归于无效,否则董事会的存在形同虚设。但是此类决议仅适用于对公司高管的解聘关系上,因为公司法的设立目的就是保障公司有序运营,公司法的重心也大多是放在公司内部各部门的权利划分与调整上,很少关注对公司高管的权益维护与权利保障。所以对于公司高管被解聘,其职务被解除之后的劳动关系的法律后果缺乏公司法的相应规范,往往都是由劳动法进行相应的调整。根据《劳动合同法》第35~36条,在用人单位与劳动者协商一致的情况下可以变更或解除劳动合同。因此,高管被解聘之后其职务也被相应解除,这样高管原先所处的岗位就会产生变动,这样的岗位变动所带来的后续法律后果往往是由劳动法进行调整与规范。在被解聘的公司高管认可用人单位提供的新岗位,与用人单位协商达成一致意见的情形下,双方之间自然是没有争议的。然而现实却不尽如此,现实的情况是大多数高管无法与公司达成一致意见,并不认可公司提供的新岗位,不愿按照新岗位安排继续履行劳动合同。一般来说,这种情况就可以按《劳动合同法》第40条的规定视为"客观情况发生重大变化",解除高管与公司的劳动合同中的聘任关系与劳动关系,再重新确定公司高管的职务在被解除之后的劳动合同的法律状态,这种途径可以有效地协调公司法与劳动法之间的矛盾冲突,尤其是在处理公司高管解聘问题这个方面。

(二)确立"劳动者分层"保护模式

为了实现真正的劳资双方公平,劳动法作为社会法部门中的重要组成部分,对在劳动关系中常常处于弱势地位的劳动者进行有倾斜性的强保护。但是在现实中,劳动者的类型具有多样性与复杂性,并非所有的劳动者在劳动关系中都是处于弱势地位的,所以必须要采纳"劳动者分层保护模式",有针对性地对劳动者进行保护,而不是无区别化地统一进行保护,这样反而最终会给司法实践带来许多难题与困扰。比如说不同于一般普通劳动者,由于公司高管具有较强的个人素质与能力,相关法律往往会忽略对公司高管的保护而把保护的重心放在那些看起来处于弱势地位的普通劳动者身上,因此,我们更需要注意这些公司高管与普通劳动者内部的差异性,以他们在公司中地位的高低作为基础,结合他们各自的收入水平、岗位职责大小、与受雇公司利益关联程度等各类相关联的因素进行考量,分层次、分程度、分级别地对公司中处于不同级别地位的高管进行有效保护。

第四章　公司高管区分适用劳动法与公司人力资源管理

(三) 构建适用于公司高管的特殊规则

根据前文所述，公司高管常常在公司中发挥着领头羊的作用，对其他劳动者的工作进行指导与监管。劳动法对劳动关系中看似处于弱势地位的一般劳动者的倾斜保护并不能对公司高管起到相应的保护作用，所以我们应当关注公司高管的特殊性，构建可以差异化适用于公司高管的特殊规则。根据我国《劳动合同法》的规定，公司高管有权要求与用人单位签订劳动合同，建立劳动关系，所以在选择与公司高管订立合同的形式上也可以采取不同的方式。比如，首先在公司未严重侵害公司高管利益并对其造成严重损失的情况下，可以排除公司高管去适用相关的无固定期限劳动合同以及解雇保护的相关法律规定。其次可以差异化地适用工时以及加班补偿制度。由于公司高管自身的特殊性，为了更好地实现履职目标，公司高管常常需要自觉或不自觉地延长自己的上班时间，其加班的目的与性质也不同于一般的普通劳动者，所以需要差异化对其适用工时计算标准以及加班补偿制度，做到既能够补偿公司高管为提升企业绩效而作出的贡献与牺牲，又不至于让普通劳动者以及公司高管觉得这样的补偿制度与标准对自己而言不够公平。最后在违约金条款方面也可以对公司高管进行差异化适用。公司高管由于身处公司高层职位，往往或多或少地了解并掌握一些重要的公司商业机密，当下市场经济大力发展，各类企业如雨后春笋般涌现，市场对于人才尤其是公司高级管理人才的需求已经远远超出了市场所能提供的人才量，各类企业对高管的需求也是供不应求，这样便为那些具有一定能力素质的高管离职跳槽提供了更大的机会与可能性。因此《劳动合同法》中只规定违反培训服务期或竞业限制这两种情况下的违约金条款，对于规范与约束公司高管不守信的离职跳槽行为而言是远远不够的，也无法弥补公司高管因此可能对前受雇公司造成的损失。故而可以不对公司高管适用《劳动合同法》中规定的违约金适用情形。公司可以通过利用《劳动合同法》来规范高管人员与自身的权利义务关系，追究违约高管的相关责任，在承认公司高管相关权利义务的同时最大限度地保障公司自身的利益。因为在现实中，具有高文化水平与业务能力素质的高管人员是有资格也有机会与受雇方公司进行平等协商的，所以可以通过约定相关条款、签订合同的方式来确定入职后彼此需要履行的权利义务。

第三节　公司高管区分适用劳动法的原则

一、从属性原则

从属性原则是公司高管区分适用劳动法时最重要也是最基础的原则。"从属性标准"是大陆法系认定劳动者身份的核心标准。劳动法是调整劳动关系的法律规范的总和，劳动关系具有人身性和隶属性，决定了劳动关系中存在"资强劳弱"的现实地位，劳动法的起因就是对强弱不平等的劳动关系进行干预，以实现劳资关系平等。虽然各国的劳动立法和制度存在差异，但是对于劳动者的认定存在一定共性，最为基础的是通过从属性原则来界定劳动者。公司高管在适用劳动法时，因为其本身的特殊性，公司高管与普通劳动者的差异最明显的就是从属性不同。因此，在公司高管区分适用劳动法时，必须遵循从属性原则。通过从属性原则来确定公司高管与公司关系的关联程度、对公司的依赖程度，决定劳动法适用的边缘和界限。

公司高管群体内部存在不同的层级，不同层级公司高管与公

第四章　公司高管区分适用劳动法与公司人力资源管理

司之间的依附程度不同,从属性的强弱不同,是区分适用劳动法的依据。一般认为,判断从属性具有人格从属性、经济从属性、组织从属性等方面标准。德国司法界和学术界中主要是指"除了受制于法律、社会团体协议、经营协定以及劳动合同的限制之外,用人单位可以单方面决定劳动场所、劳动时间、劳动种类等"。❶ 德国法院判断从属性仅仅考虑劳动报酬、职务称谓、社会保险缴纳、服从组织管理,更重要的是从个案出发,其中主要的参考特征为:第一,雇员遵守雇主的工作指示,雇员无自主决定的权利;第二,雇员属于雇主生产经营的一部分;第三,劳动者为雇主经济目的提供劳务,且再无以企业获得参与市场运作的可能性。我国司法实务界大多数认为人格从属性是指劳资之间存在控制与支配的状态,其外部标准主要是劳动者需要遵守单位的规章制度,劳动者受单位指挥、单位有奖惩权。❷ 我国将公司高管区分适用劳动法时最先考虑的应当是人格从属性原则,公司高管作为企业的上层管理人员,比普通劳动者的从属性弱,但是不能因为从属性存在不同而直接全盘否定公司高管的劳动者身份。经济从属性强调是为用人单位提供劳动,而不是为自己劳动,劳动者需要用人单位的生产工具进行劳动,而且还要接受用人单位的指挥和命令,这和经济不独立性具有同一意义。❸ 实际上,根据经济从属性原则并不能直接作出是否为劳动者的判断,在司法实践中经济从属性原则是辅助人格从属性原则的。

公司高管除与普通劳动者存在差异,自身内部又因职务等实

---

❶ 刘志鹏:《劳动法理论与判决研究》,元照出版社 2000 年版,第 10 页。
❷ 李志锴:"论我国劳动法上'从属性'的内涵厘定与立法考察",载《大连理工大学学报(社会科学版)》2019 年第 3 期。
❸ 黄越钦:《劳动法新论》,中国政法大学出版社 2003 年版,第 95 页。

际情况不同，公司高管之间也存在从属性差异。通过从属性原则，使公司高管在适用劳动法时除了区别于普通劳动者，公司高管自身也应当根据从属性差异作出分类，区分不同层级，从而确定不同层级的公司高管区分适用劳动法。我国目前对于从属性的程度差异并未作出详细考虑，使劳动者的利益保护陷入过多保护和保护不足的两难境地，通过适用从属性原则对包括公司高管在内的劳动者进行区分，才能使劳动者的合法权益得到真正合理的保护，将劳动法倾斜保护制度落到实处。

二、控制程度差异性原则

公司高管适用劳动法的问题在现代劳动法制度中普遍存在，在劳动法"去强扶弱"的理念下，劳动法愈发出现"去强势化"的趋势。公司高管就属于强势劳动者，将公司高管通过控制程度的差异来进行分层适用劳动法，是科学合理的。控制程度差异性原则能准确区分公司高管的层级，在英美法系的法律及审判实践中得到充分体现。美国作为典型的判例法国家，《美国公平劳动标准法案》中对雇员的定义是：雇员是被雇主雇佣的任何人。在美国司法实践中，最为核心认定是否为雇佣关系的原则是雇主对雇员是否有控制的能力，公司高管认定为雇员的身份时，必然需要考虑雇主对雇员的控制能力的大小。英国在判断雇员身份的问题上，发展至今，除了需要考虑"控制标准"，同样也要考虑"组织标准"和"风险标准"。目前，英美法系国家一般都采用多因素来判断劳动关系。

英美法系国家认定劳动者身份的标准和区分公司高管适用劳动法的控制程度差异原则存在一定的交融，公司高管区分适用劳动法不仅应当考虑雇主对雇员的控制程度，还应当考虑其对公司

第四章 公司高管区分适用劳动法与公司人力资源管理

的控制程度以及对自身的控制程度,这些与公司高管相关的控制因素可统称为"控制力"因素。控制力程度差异决定了用人单位和公司高管之间的强弱地位,也决定了公司高管自身之间不同层次的强弱地位。我国劳动法应将公司高管和普通劳动者区分保护,应坚持控制程度差异原则进行判断,根据控制程度差异原则可以大致将公司高管分为三类。

(1)控制程度高的公司高管应当排除适用劳动法。具体而言,公司董事长、董事、监事、法定代表人这一类对公司控制程度高,代表用人单位利益的公司高管应当排除适用劳动法。此类公司高管对于公司控制程度高,本质上是一种代理行为,是为了用人单位的利益而履行职责。我国劳动法未采用"雇主"这一概念,而是使用用人单位这一概念,这使得组织内部的任何劳动者都可以被视为雇员。实际上,对公司控制程度高的公司高管,他们的地位与雇主无异,因为这类公司高管符合雇员在他们的组织控制下,为雇主提供劳务的定义。根据控制程度差异原则,此类公司高管与用人单位的关系应当通过公司法、合同法等民商事法律来调整,不能将其作为劳动法中的普通劳动者对待而适用劳动法。

(2)控制程度中等的公司高管限制适用劳动法。公司的副经理、财务负责人、上市公司董事会秘书及公司章程规定的其他公司高级管理人员等公司高管,这部分公司高管对公司法普通劳动者有一定的控制力,对于自身的控制力弱,虽然对公司有一定控制力,但是该类公司高管依然受上层公司高管的指挥和控制。对公司控制程度中等的公司高管地位特殊,同时具有雇主和雇员的双重身份属性,所以在适用劳动法时,应当加以区分适用,不能完全适用劳动法,否则会使这一类具有双重属性身份的公司高

153

管得到过于宽泛的保护。

（3）控制程度低的公司高管完全适用劳动法。对于控制程度低的公司高管，其对公司经营管理没有决策权，只是执行公司事务或执行其他更高层级公司高管的决定，从控制程度对比来看，这类公司高管与普通劳动者差别不大，对公司没有实际经营管理权力，只是负责公司事务执行与处理，并对公司和上一层级的高管负责，不属于强势劳动者，与普通劳动者具有契合性，应当适用劳动法。

三、社会本位原则

社会本位原则是社会法的核心原则，甚至可以说是社会法的终极原则。社会法主要关注的是对已形成的弱势群体的保护和扶助，劳动法作为社会法的重要内容，社会本位原则必然也是劳动法应遵循的原则之一。根据对主体价值选择的不同标准判断，法律本位可以分为个人本位、国家本位和社会本位，分别对应个人、国家和社会。社会本位就是指社会与个人、国家以及其他组织的关系中居于根本性和基础性地位，个人、国家和其他任何组织的活动必须以社会为中心，以社会整体经济效益的提高为根本出发点和归宿点。劳动法的产生恰恰是因为无法适用个人本位的私法来解决劳动关系所产生的问题时，将弱势的劳动者利益上升至社会利益，并通过国家和社会予以保障，[1] 强调以维护社会利益为基础，追求社会利益最大化，注重社会整体发展均衡，保障社会整体效率提升。

---

[1] 张翼飞：《公司管理人员的劳动法适用问题研究》，华东政法大学2012年博士学位论文，第51页。

第四章 公司高管区分适用劳动法与公司人力资源管理

在将公司高管区分适用劳动法时必须坚持社会本位原则，公司高管区分适用劳动法，实际上是根据公司高管中的强弱地位不同，进行更加细致的劳动者权益保护，结果是弱势的公司高管应受到劳动法的保护，强势的公司高管不受劳动法保护，中间层次的公司高管应限制适用劳动法，而不应当将公司高管作为一个整体一律视为劳动者进行倾斜保护。通过限制强势公司高管，保护弱势公司高管，平衡劳动者与公司之间的利益关系，从而维护社会安全，促进社会发展，形成和谐的劳动力市场，达到更优化的劳动力资源配置。

四、平衡协调原则

平衡协调在劳动法上是为了实现劳动权利义务的统一、劳动关系的契约化、劳动法主体利益的平衡、劳动法上各种力量的有机组合，而平衡协调各方利益关系。劳动权利义务统一既是宪法、劳动法的要求，也是法学理论层面的要求。义务来源于权利，权利和义务应当是对等的，在宪法上，劳动权既是义务也是权利，它既是生存权，也是发展权。权利和义务是有机统一的，不能出现无权利的义务或者是无义务的权利。劳动法上的主体包括国家、用人单位、劳动者、社会组织，它们既是权利主体，也是义务主体。目前对于公司高管适用劳动法保护过于宽泛，造成公司高管的劳动权利和劳动义务不对等，有违实现权利义务的统一，也不符合平衡协调原则精神和理念。

在公司高管适用劳动法问题中，最为突出的应当是劳动法主体之间的利益冲突。劳动法主体利益的平衡，是平衡协调原则在主体利益分配和取舍上的要求。劳动法主体利益平衡是指国家、用人单位和劳动者三方利益平衡。国家利益是整体利益，也可以称为社会利益，主要通过保障和谐的劳动关系、稳定发展，实现国家稳就业的计划，为劳资双方创造良好的市场环境。用人单位的利益也就是资方的利益。资本是实现社会生产的重要条件，没有资本的积累和运转也无法实现劳动者利益和国家利益的稳固提升。劳动法尊重资方的利益，当资方的利益得到提升时，劳动者的利益一般也会随着提升，因为劳动者的薪酬也受资方利润的影响。三者之间存在利益矛盾，需要通过劳动法进行协调处理，才能促进社会发展，打造良好的劳动力市场，实现资本的合理收益。我国学界一直存在"资强劳弱"的声音，该部分学者未注意到劳动者存在强弱之分，将使资本方利益受损，同时造成国家利益受损，必然导致大部分真正弱势的劳动者利益受损。在公司高管统一不加区别地适用劳动法的情况下，用人单位用工成本大大增加，无论是公司高管的离职、加班、经济补偿金、薪酬等问题，还是普通劳动者的利益都将受损。因此，公司高管区分适用劳动法，也是平衡协调公司高管、公司与普通劳动者之间利益的需要，平衡协调原则应成为公司高管区分适用劳动法的基本准则。

五、底线控制原则

2018年年末我国共有中小微企业法人单位1807万家，比2013年年末增加966.4万家，增长115%。占全部规模企业法人单位的99.8%，比2013年年末提高了0.1个百分点。其中，中型企业23.9万家，占比1.3%；小型企业239.2万家，占比

13.2%；微型企业 1543.9 万家，占比 85.3%。[1]从我国目前用人单位的实际情况来看，企业形式多种多样，除了少数大型企业，大部分还是以中小微企业为主。尤其是微型企业中用人单位和劳动者表现的强弱程度对比不明显，且劳动管理粗放，如果强行要求所有企业都将公司高管区分适用劳动法，是不切实际的。

国家鼓励大众创业、万众创新，微型企业将保持长时间增长。如果将公司高管区分适用劳动法这一做法适用所有企业包括人数极少的微型企业，那么只会增加微型企业的用工成本，给微型企业带来很大困难。实际上微型企业的公司高管只是与普通劳动者在称谓上存在差异，还存在公司高管就是公司的所有人或者是其近亲属，针对这些微型企业中的公司高管不应当全面覆盖高管分层，可以对微型企业采取适当的劳动法豁免制度。

六、特殊限制原则

对公司高管不加区别地适用劳动法而造成的现实困境，需要对区分后的公司高管采取特殊限制，实现公司高管和用人单位在利益上的平衡。公司高管属于特殊劳动者，在司法审判中关于公司高管的问题日益增长，随着市场经济的发展，企业用工形式复杂化、多元化，新型的管理模式也对劳动法规则的特殊适用提出了新的要求。针对公司高管在内的不同类型劳动者提供差异化的规则，以适应现实之需，提高劳动法规则在此方面的灵活性和适

---

[1] 国家统计局："经济发展的重要力量——第四次全国经济普查系列报告之十二"，载 http://www.acfic.org.cn/fgdt1/fgdt2/201912/t20191219_149059.html，最后访问日期：2021 年 5 月 6 日。

应性,是未来劳动法修改的重要任务。❶ 公司高管自身的特殊性,必然导致公司高管在适用劳动法规则时应当有特殊限制,才能维护用人单位和其他普通劳动者的合法权益不受到损害。特殊限制原则应当充分考虑劳资双方意思自治以及强化公司高级管理人员公司法上的义务,❷ 避免对强势劳动者过度保护,破坏市场经济和谐发展。相对于普通劳动者,公司高管在签订劳动合同时,因为其天然的优势,如自身丰富的经验、信息获取能力,在和用人单位订立合同时有更多的话语权。公司高管在公司管理工作中享有较大的自由裁量权,根据公司法规定,公司高管负有勤勉与忠诚义务,在适用特殊限制原则时应当考虑公司高管自身特有的权利和义务。在此基础上,针对公司高管的特殊性,对公司高管适用劳动法应坚持特定事项作出特殊限制。

对公司高管区别适用劳动法,应对不同层级的公司高管予以排除或限制适用劳动法,对特别事项应进行特别限制,主要包括以下方面。(1)劳动合同法适用方面。比如劳动合同订立、解除、经济补偿金等方面,对中高层公司高管均不适用劳动法的合同解除制度,这类高管不同于低层公司高管,他们与用人单位的合同有时表现为具有委任性质的合同,如果适用劳动法对其进行保护,那么将严重损害公司的合理利益。(2)劳动基准法适用方面。我国劳动基准法规定在《劳动法》和《劳动合同法》中,劳动基准法包括最低工资、工作时间等制度,是保障劳动者劳动权益的最低标准。在日本、德国等国家明确将公司高管加班补偿

---

❶ 谢增毅:"公司高管的劳动者身份判定及其法律规则",载《法学》2016 年第 6 期,第 101 页。

❷ 屈丹丹:《公司高级管理人员劳动法适用研究》,安徽大学 2019 年硕士学位论文,第 35 页。

第四章　公司高管区分适用劳动法与公司人力资源管理

等制度排除适用劳动法。公司高管适用劳动基准法将会与公司法上规定的公司高管的勤勉与忠诚义务发生冲突。(3) 工会制度的适用方面。实践中工会主席或者高层往往还是由公司高管担任，公司高管和公司利益一般具有一致性，强势的公司高管参加工会将会导致工会制度流于形式，弱势的劳动者无法在工会中主张自己的权益。为了实现工会设立目的即维护职工的合法权益，应当限制公司高管参加工会。

总之，公司高管区分适用劳动法，应坚持特定事项予以特别限制适用，以实现实质意义上的平等。

第五章 我国公司高管劳动法适用立法思路：劳动者分层保护

随着社会经济的发展，社会阶层不断分化，将劳动者作为一个整体进行无差别保护已经不再适应当前的社会发展。劳动法立足于"倾斜保护理论"来实现劳资关系双方的实质平等，但是在劳动者内部千差万别，部分岗位劳动者诸如公司高管在某种程度上具有雇主属性，如果不加区别地适用倾斜保护原则和规范，必将造成劳动法适用困境，为此，"劳动者分层保护理论"具有极其的必要性，应成为公司高管劳动法适用立法修正的基本路径。

第一节 劳动者分层保护的理论基础

劳动者分层保护理论有利于劳动者保护理念的实质平等和构建和谐稳固的社会主义劳动关系，具有坚实和丰富的理论基础。

一、社会学基础：社会分层

随着社会的发展，脑力劳动者和体力劳动者在劳动者群体中分化，管理型劳动者和一般劳动者的差别也在不断扩大。社会学学者以职业分类为基础，对我国社会阶层结构现状进行了总结。各社会群体在阶层结构中的位置以及个人的综合社会经济地位取

第五章　我国公司高管劳动法适用立法思路：劳动者分层保护

决于组织、经济和文化资源的拥有情况。根据这种以职业为基础，以个人对组织、经济和文化资源占有情况为参照的分层原则，原来普遍为大家熟知的"工人阶级、农民阶级和知识分子阶层"的社会阶层分类模式已经不符合当代社会的发展，如今社会阶层结构正如雨后春笋般地朝着多元化趋势发展，逐步形成"十个阶层"的社会阶层分类模式。❶ 可见，社会分层具有复杂多样性，反映至劳动关系雇员中，同样也存在多样性和层次性。

以社会学为基础，董保华教授提出了包括经理、专业技术人员、产业工人以及城乡无业、失业和半失业人员的四阶层"劳动者分层保护说"。❷ 在这四类劳动者中，曾经不属于劳动法保护的城乡无业、失业和半失业的人员，应该得到劳动法的重点保护，并且通过技能培训等方式增加这类人群的就业机会。另外三类人群原来就属于劳动法的保护范围，但是采取的是无差别的保护。其实，产业工人一直处于弱势地位，应当得到劳动基准法的优先保护。对于经理和专业技术人员而言，各有各的特点。经理这个群体一般谈判能力都很强，有着绝对的优势，不适合通过劳动法进行保护。现代公司都存在所有权和经营权分离的情形，因此公司与经理签订委任合同更为适宜。专业技术人员具有专业特长，比起一般劳动者而言，更具有选择的余地，能够更好地自我保护，所以对于专业技术人员通过契约的形式保护比较妥当。

笔者认为，随着我国社会主义市场经济的发展，劳动者不再

---

❶ 陆学艺主编：《当代中国社会阶层研究报告》，社会科学文献出版社2002年版，第8页。各社会阶层及地位等级群体的高低等级排列依次是：国家与社会管理阶层；经理阶层；私营企业主阶层；专业人员阶层；办事人员阶层；个体工商户阶层。

❷ 董保华：《劳动合同立法的争鸣与思考》，上海人民出版社2011年版，第48页。

是计划经济时代无差异的群体。是否能够准确把握劳动者内部的社会分层现象是处理劳动者权益保护和建立和谐劳动关系的前提。因此，在四阶层"劳动者分层保护说"的基础上，对于经理这类管理者还可以继续细分，以实现对于劳动者的实质保护，因为在经理阶层，社会分层理论基础决定了其同样存在不同类型。社会分层的客观存在，决定了劳动者分层的必然。因此，社会分层是劳动者分层的重要理论基础。

二、管理学基础：管理人员分层

公司作为企业的典型类型。企业管理人员是指负有一定的管理责任，拥有相应的管理职权，通过计划、组织、指挥和控制职能，直接作用于生产经营过程，并使生产经营有效地进行的工作人员。❶ 从一个企业内部看，管理人员不仅对组织生产起着重要作用，而且对企业经营而言，在优胜劣败的市场竞争中也起着决定作用。❷ 管理人员在公司中具有重要的角色，在不同的岗位也将发挥不同的作用。

由于管理工作具有高度复杂化特性，因此将组织中的管理权进一步进行"分权"势在必行。在企业内部，在职位和单位之间创建一套普通的监督体系需要将正式的管理权进行分组。一个公司由若干个单位组成，公司想要有更好的发展就需要管理好每一个单位，因此就需要对每个单位都设立一个管理者并对该单位的所有行为负责。这些单位的管理者彼此之间就构成了公司的管

---

❶ 马作勋、姚震："我国企业管理人才培养应注意的问题"，载《辽宁行政学院学报》2006年第12期，第63页。

❷ 陈征："论现代管理劳动"，载《东南学术》2003年第5期，第90页。

第五章 我国公司高管劳动法适用立法思路：劳动者分层保护

理层结构，正式的权力体系就由此得以建立。简言之，创建管理层级，就是将权力沿着权力链由上而下分散的过程。具有最高权力的管理人员有权决定设置哪些管理权以及这些管理权拥有多大的权力，或者是直接将这些管理权直接授予垂直层级中的下面几层。虽然每个公司具有不同的基础划分、不同的公司规模、不同的行业类型以及不同公司组织结构的具体安排形式，但从整体来看，决策层、中间层和操作层是公司的管理结构表现出来的三个典型层次，决策层主要是制定组织的总目标、总战略，掌握组织的大政方针并评价整个组织的绩效；中间层主要是贯彻执行高层管理人员所制定的重大决策、监督和协调基层管理人员的工作；操作层主要是给下属作业人员分派具体工作任务、直接指挥和监督现场作业活动、保证各项任务的有效完成。在管理结构中，具体层级工作的相关性在很大程度上决定着单位的规模，但在依据职能进行分组时却不尽相同，此时的工作任务主要是依靠较高层级的管理者在不同单位进行协调，或者是相关单位的管理人员或员工通过相互协调完成工作任务。随着经济的不断发展，公司组织的结构也从简单向复杂发展，公司的管理层级也渐渐地从直接监督管理的工作演变到全局式的战略管理，公司组织的不断复杂化，对管理者的需要已经不满足于对操作者的管理，还需要更多管理管理者的人员。因此在操作层和战略层便形成了一个中间层，管理者们在不同层次不同岗位扮演着不同的角色，互相协调完成公司组织的管理运行，并共同组成了现代化的复杂精密的管理层级体系。

笔者认为，管理者的分层是客观的，并且起着重要的作用。管理是一项具有一定复杂性的脑力劳动，因此不能应用于普通重复劳动的保护制度，因为普通重复劳动的保护制度对其没有影响。管理这种职业劳动具有双重性,管理者既要扮演"老板"的角色,又要扮演"打工者"的角色。具体而言,对于公司普通员工来说,管理人员直接领导其工作,普通员工需要服从管理人员的安排和指挥,此时扮演"老板"的角色;而对于公司的所有者来说,管理人员是他们的雇用者,要向他们服务以及接受命令和指挥,此时管理人扮演"打工者"的角色。因此对于这种独特的劳动形式,劳动法需要与时俱进,制定出特别的制度加以规范。因此,我们有理由把管理者内部作一个分层,并且对于决策层、中间层和操作层等不同层次的管理者予以不同层次的保护。管理人员分层成为劳动者分层的重要理论基础。

三、法理学基础:实质平等

维护主体的法律地位平等是私法的制度基础,并且这种平等观仅仅维护了形式平等。因此,劳动关系在私法的角度反映为劳动关系与报酬的交换。根据这一内涵,可以看出,不断发展的雇佣关系具有各种特征,因此雇佣关系具有财产特征和平等特征。在劳资关系双方平等的基础上,保障劳动者订立合同和使用合同的自由。这种平等形式所代表的意义可以使双方的利益最大化。同样,双方都可以通过合法的平等形式获得真正的平等,而无须积极的国家干预。但是,如果说劳动关系具有财产和平等关系,并且处于交换区域之内,那么如果我们把目光投向生产地区,就可以看到劳动关系在财产和平等的基础上具有个人特征和从属特征。在生产领域,劳动力对雇员或劳工的排他性以及雇员对雇主的命令和管理的服从不可避免地导致对雇佣关系的不平等看法。同时,劳动者的劳动过程,即劳动消耗过程,与劳动者自身高度相关。临时劳动关系在基本意义上具有个人特征,被称为个人关

第五章 我国公司高管劳动法适用立法思路：劳动者分层保护

系。显然，私法以平等保护的概念来修改具有个人特征和从属特征的法律关系将变得非常费力。

在私法平等概念和保护平等概念的基础上，它也适用于地位不平等的工人和雇主之间的关系。不平等现象加剧是对不平等现象给予平等保护的结果。显然，如果一个人要成功地通过自由和平等的劳资谈判条件，并想进一步探索低成本劳动力，而经济竞争的目标是雇主处于非常有利的地位，那么雇员在这一领域获得利益的可能性就很大。因此，劳动法采用"倾斜保护弱者"的立法理念，纠正了平等保护的不平等结果，实现了真正的平等。

当今法治社会中，我们追求正义和平等，应该根据实质正义的内涵，对相同的人平等对待，对不同的人区别对待。劳动法应倾斜给予劳动者保护的对象是弱势劳动者，帮助劳动者提供就业机会或基本生活必需品，保护参与生产过程的劳动者的健康和安全，减少过度疲劳的危害，给予失去工作能力的部分或全部劳动者提供物质帮助，以平衡强弱职位与贫富差距很大的地区，实现真正意义上的公平正义。

平等有效地保护劳动者的权益一直是我国《劳动法》的立法目标。如果劳动者的权利不平等，不仅违反劳动法的立法目标，还违反宪法的精神。[1] 在我国《劳动合同法》中作出这种表述的目的是，在以劳动合同双方的权利义务得到详细规定，权益为前提的情况下，加强和完善劳动合同制度，应保护劳动者的权益，以使劳资关系和谐。如果不公平地对待劳动者，劳动者的利益将不可避免地处于不平衡状态，劳动者的权益将得不到保障，

---

[1] 陈翔："论劳动法对劳动者分层保护模式的确立及其应用——以强势劳动者为主要研究对象"，载《当代法学论坛》2008年第1期，第144页。

从而违反了劳动法的初衷。但是，这并不意味着为了在劳动者之间不加区别地实现平等，就应该采用平等待遇，因为如果仅仅为了追求平等的形式，最终结果肯定是真正意义上的不平等，从而违反了平等原则以及法律平等的初衷。从理论上讲，对劳动者的分层保护似乎导致了对不同阶层的不平等保护，但实际意义上是在追求劳动者权利的一致性，可以说这直接体现了平等理论在劳动法中的意义。

将雇主与雇员区分开，是追求平等的体现，劳动者内部由于性别、年龄、工种的不同，存在不平等的情形。比如未成年工与成年工存在不平等现象，女工与男工存在不平等现象，管理类劳动者与非管理类劳动者也存在不平等现象。因此，劳动者内容分层是维护劳动者实质平等的需要，换言之，实质平等是劳动者分层理论的基础。

四、劳动法学基础：特殊劳动者特别保护

劳动法从属性理论是判断劳动关系的决定性因素。[1] 该理论强调的是雇员对于雇主的依赖性、依附性。在劳动关系中，雇主利用其优势地位控制并指挥劳动者从事劳动，劳动者依赖雇主定期发放报酬以维持生计。虽然劳动者对雇主从属性很强，但是在劳动法中仍然对女职工和未成年人实行特别保护。

从国际上看，国际劳工标准对于女职工和未成年工均有特别的保护规定。其中，关于未成年工特别保护的国际劳工标准主要有《青少年夜间工作（非工业类职业）公约》《（工业）未成年

---

[1] 冯彦君、张颖慧："'劳动关系'判定标准的反思与重构"，载《当代法学（双月刊）》2011年第6期，第95页。

第五章　我国公司高管劳动法适用立法思路：劳动者分层保护

人夜间工作公约（修订）》《儿童权利公约》《未成年人从事矿山井下作业体格检查公约》等。这些国际劳工标准都规定了未成年人就业制度和职业健康检查制度，并对未成年人在夜间工作的最低年龄、时间限制及休息制度作出了明确的规定。另外，关于女职工的特别保护的国际劳工标准主要包括《禁止雇佣妇女于一切矿场地下工作公约》《保护生育公约》《夜间工作（妇女）公约》等。这些国际劳工标准对怀孕女职工的产前产后劳动保护、女职工夜间工作的禁止规定、工作性质及工作强度等作出了较为详细的规定。

我国除了在《劳动法》第七章专章对女职工和未成年工特殊保护作了详细的规定之外，在《妇女权益保障法》《未成年人保护法》等法律、法规中都对女职工和未成年工的工作时长、夜间工作的禁止性规定和劳动强度等方面作了特别的保护。

笔者认为，尽管在劳动关系中劳动者具有从属性，但是从国际劳工标准和国内《劳动法》的规定对女职工和未成年工实行特别保护的规定来看，劳动法学对劳动者已经有了分层保护的规定，并成为劳动者分层理论的基础。

第二节　劳动者分层的标准

在社会转型和分层的背景下，收入、职责、与雇主的交往程度、知识和技能等差异越来越成为影响劳动者的因素，并使之形成不同的层次。当前，对不同层次的劳动者给予不同程度的倾斜保护是当务之急。为了解决这个问题，首先要弄清劳动者的分层标准，从而真正解决劳动者的分层问题。劳动者的分层标准是个较为复杂的问题，决定劳动者属于哪个层次，应综合考虑以下因素和标准。

一、收入标准

劳动者的收入是劳动者生存的基本保障，具体是指一定时期内通过劳动从工作单位获得的一切物质和金钱。劳动者之间通常有一定的收入差距，这些收入差距不仅存在于不同行业的劳动者之间，也存在于同一行业或同一行业不同岗位的劳动者之间，无论差距大小，但它一定存在。劳动者取得报酬的多少通常与他们对工作单位的依靠程度成反比，即收入越高的劳动者对工作单位依靠程度越低，并且拥有与工作单位进行一定程度协商的能力，通常在这种情况下，反而是工作单位出于维持企业利益的需求而对劳动者的依靠程度更高，通过诸如提高工资待遇等方式挽留住劳动者。反观那些收入偏低的劳动者，出于生存的压力，他们只能通过牺牲自身利益的方式来赚取维持生存所需的资金财物等。依据此类评判标准，属于势力强盛的劳动者这一阶层的自然是那些收入水平偏高的劳动者，而低阶层的只能是收入水平低下的劳动者。但是，我们不能仅将收入作为唯一的评判标准，例如某些行业中，收入偏高的劳动者并不是拥有强势能力的一方，该类劳动者收入偏高的原因或许是其劳动强度大或作业危险系数大等。

评判收入准则的建立可能包含几个问题：（1）是否需要将排除范围限定于周期性获得薪酬的固定收入雇员，如果是，那么需要对固定薪酬进行规定；（2）收入的计算依据是什么，是以工资为依据，还是以总收入为依据，如果是以总收入为依据，哪些款项可以计算在内，哪些款项应当排除；（3）收入标准的核心标准是收入的数额标准。如何界定收入数额，应当以什么数据作为参考依据，应当拟定具体数额，还是以某一数据的倍数作为

第五章　我国公司高管劳动法适用立法思路：劳动者分层保护

指针。该数额是否应当固定不变，还是应当与时俱进地进行浮动。

二、职责标准

职责标准是指雇员必须具有与相应的职责和责任的管理工作。❶ 可以从劳动者所进行的工作的性质、对工作的描述和劳动者在工作时的工作环境三点进行判断。有许多这样的因素，例如，从事不同工作的劳动者实际占用的时间；在用人单位的组织结构中，劳动者的地位和等级；当该类劳动者执行其主要职能时，所特定要求的资格证件是否具备或缺失；执行职能是否可以指挥他人，包括在某些情况下指挥他人能力的范围；以及在雇用者的全部运营体系中劳动者提出的建议的采纳比例；等等。评判职责的准则深深地存在于各个不同的行业和职责内部，在实践中通过一定程度的变化或取舍，使劳动者和雇用者双方达成意思自治，并且通过评判职责的准则可客观地将公司高管分类，这样分类可避免因分类标准不同而产生纠纷，使劳动法的立法目的得到更好的发挥。

在我国企业人事管理事务中，职务分级等相关事项一般都载于"岗位说明书"中。"岗位说明书"可能包括的事项有职务概况、工作概述、工作内容和职责、工作权限、工作重点考核项目、载明上下级各部门之间的职级关系。还有一些企业为了职级管理的方便，对各岗位的具体任职资格岗位基本能力、职业发展、工作条件等另外进行原则性统一描述。在实务中对职责标准

---

❶ 杨德敏："公司高管劳动法适用问题研究"，载《社会科学》2018年第9期，第116页。

的具体运用，需要仰仗大量的事实分析考察，这些内容无疑为司法实务提供了很好的参考要素。但也必须明确，这些书面证据的可靠性应受到事实证据的制约，一旦有相反的事实可以证明雇员并未实施"岗位说明书"中记载的职责时，则应当以事实上的实质关系为准。

劳动者职责不同将影响劳动者分层。大体上可以将职责分为管理职责和从事具体工作的职责。进一步细分，在管理职责中，可以分为监督类管理人员和一般管理人员。监督类管理人员一般与雇主有着紧密的联系，代表雇主的利益，通常能够决定与劳动者的劳动关系是成立还是解除。因此，劳动者职责范围越大，则会越靠近劳动者分层的顶端。

三、与雇主的关联程度

在雇主的界定问题上，主要存在三种模式：一是重点强调雇主的代表和代理人问题，直接将部分公司管理人员归入雇主；二是侧重强调雇主是雇员的对称性，通过两者的对称关系确定彼此；三是在强调对应性的基础上，对雇主的实质性特征进行总结。这些管理人员主要包括公司负责人，比如董事长、法定代表人等；公司经营的负责人，比如公司经理人；代表雇主处理有关劳工事务的人。对于公司经营的负责人和代表雇主处理劳工事务者作为雇主的判断标准，则多强调不应以形式上具有这种关系为判，而是应从实质上就其事实予以认定。

与雇主的关联度的标准，其实就是对雇员相对于"雇主"

的独立程度或服从于"雇主"控制的程度来进行判断。❶ 衡量这种关联度的因素有以下几点。(1)雇员关于工作内容及实施方法是否须接受雇主具体的指挥命令。对于接受雇主具体的指挥命令的,与雇主的关联度越高;不接受雇主具体指挥命令的,与雇主的关联度越低。(2)是否赋予独立执行工作的权限,若劳动者具备独立执行工作的权限,那么该劳动者就不具备人格从属性,可以自我裁量决定相关事务。那么该劳动者就应当是高级管理人员。(3)雇主是否具有考核及惩戒权,该关联因素听起来不可思议,但是细想如果一个劳动者可以有权力使雇主放弃考核及惩戒权,说明该劳动者的权力在一定程度上大于雇主的权力,通过谈判的方式,该劳动者获得了凌驾于雇主之上的权力,剥夺了雇员依附于雇主的人格从属性。(4)劳动者是否固定工作时间、上下班打卡。通常情况下,管理人员由于工作性质的特殊化,不会通过固定工作时间和上下班打卡制度等对其进行考核。换言之,越是级别高的劳动者,越不会通过这种制度对其进行约束。(5)劳动者是否遵守公司之工作规则,劳动者天然地应当遵守公司的规章制度,若存在不需要遵守公司规章制度的劳动者,那么该劳动者的人格从属性表现不强。(6)劳动者是否具有人事任免权等,拥有越多人事任免权的管理者越是属于层级高的管理者,其角色甚至可以等同于雇主。

四、知识技能标准

通过劳动者掌握的知识和拥有的技能等方面的差异,可以将

---

❶ 杨德敏:"公司高管劳动法适用问题研究",载《社会科学》2018年第9期,第117页。

劳动者大致分为知识富足型、知识平均型和知识贫乏型三大类。❶ "知识"标准使用描述性的方法来构建知识的一般框架，而不是通常以抽象和定义的方式使用的知识概念。在劳动者进行分层中使用"知识"标准，至少存在以下方面的优势：一是能够比较广泛而全面地认识到劳动者个人的竞争力、被他人顶替的可能性等方面的内容；二是更好地找出不同类型之间的不同之处；三是可以根据相应的实际情况提出对应的策略来解决这个不同之处。众所周知，知识具有的开放性和传播性等特性使其和名利、等级、财富之间有了巨大的差别，所以我们不必过于担心向处于不同层次的劳动者提供一些知识资源会不断扩大已有的不平等的现状，因为这种状况是不会发生的，也不会让更多的不平等现象出现，并且可以很好地提升国民的综合素质，这也符合当今时代的发展趋势。

一般来说，知识富足型的劳动者具有这样的特征：一是具有比较强烈的权利意识，明确地知道权利合法且合理的保障方式；二是拥有的知识技能对雇主来说有很大的重要性，因而在与雇主进行谈判的时候会展现出较强的能力，对雇主安排的工作以及管理上的服从性相对较弱；三是众多劳动者中的佼佼者，表现为收入水平比较优渥，交往的对象都是一些社会地位比较高的人。根据对前者的相关理解可以推断出知识贫乏型的劳动者其所具有的权利意识不是很强，也不太清楚想要保障自己的权利有哪些合适的途径，并且其收入水平以及所交往的对象的社会地位都是比较低的，而这些位于社会底层的交往对象能给予其帮助也是少之又

---

❶ 王天玉：“求同存异：劳动者的身份认定与层级结构”，载《广东社会科学》2011年第6期，第234页。

第五章 我国公司高管劳动法适用立法思路：劳动者分层保护

少，但其实最重要的影响是其所具备的知识技能对雇主来说起不到什么明显的作用，在劳动力市场当中竞争力较弱，轻易就能被代替，更别说和雇主进行谈判的能力了，基本上对雇主言听计从。在劳动力市场中拥有不同"知识"的劳动者，处于不同层级地位，也具有不同的竞争力。总体来看，在这样的大背景下，从"知识"的角度进行考量和观察，不但可以全面具体地了解劳动者的竞争力和可替代性，明确类型化的差异之处，而且也能够具体问题具体分析地提出切实可行的解决对策和有力的措施来填补这种差异。知识是具有开放性、传播性以及非竞争性的，这与名利、等级、财富是不同的，所以向不同层次的劳动者提供符合他们的知识资源既不会恶化不平等的现状，也不会额外出现其他的不平等情况，从宏观的角度来说还可以极大地提高整个民族的综合素质和实力，顺应了当今信息化、数字化、智能化时代的发展潮流。

第三节 劳动者分层的结果

通过剖析劳动者的收入、职责、与雇主的关联程度以及知识技能等因素，笔者认为大致可以将劳动者分为三类：弱势劳动者、普通劳动者和强势劳动者。对于弱势劳动者应该给予强保护，对于普通劳动者给予正常保护，对于强势劳动者应该分情况进一步细化，强势劳动者中的高层管理人员应该排除劳动法的适用，对于中层管理人员应该部分排除劳动法的适用，而对于底层管理人员应该正常适用劳动法进行保护。

一、弱势劳动者——强保护

按照劳动者分层的有关标准,弱势劳动者大致包含两类。一类是按照"劳资对立"的立法思路不被保护的非标准就业人员和临时用工人员,比如农民工、家政服务人员等,按照劳动者分层保护理论应该得到劳动法的保护;另一类是标准的产业工人,产业工人从事流水线工作,可替代性太强,而且没有与企业谈判的能力。用人单位在弱势工人的用工方式上,尤其是用工合同的使用,要着力落实用人单位的劳动保护、工作条件和劳动定额标准,最大限度地减少用人单位的非法用人行为,充分保护劳动者的合法权益。❶ 此种情形下强保护,体现了劳动法的立法初衷,通过倾斜性强有力的劳动法律保护,才能平衡双方权益关系,保护弱者利益,维护社会和谐,促进社会发展,也是社会法应有之义。

首先,强化劳动基准法工资制度的适用。劳动基准法是为了防止雇主在与劳动者订立劳动关系过程中通过降低劳动条件而损害劳动者人权和生活的情况发生,体现了社会法对弱者倾斜保护的原则。弱势劳动者大多没有法律维权意识,应当强调劳动基准法的公法性保护,加大劳动监察部门的监察力度。

其次,严格执行劳动基准法工时制度的适用。超负荷的加班现象经常发生在产业工人身上。对于产业工人而言,丢掉工作也就意味着丢掉饭碗,但是迫于生存的实际,他们不得不接受超负荷加班的事实。对于弱势劳动者的保护,应当强化工时制度,做

---

❶ 黄随、余耀辉:"劳动者身份界定及分层保护研究——基于公司高管、股东与用人单位纠纷的思考",载《南方论刊》2018年第5期,第66页。

第五章　我国公司高管劳动法适用立法思路：劳动者分层保护

到加班有度。有关部门也应当积极主动作为，从而有效规范用人单位的用工行为，而不可为了追求当地 GDP 的增长，而对超负荷加班现象视而不见。

最后，充分发挥劳务派遣制度的优势，保障非标准就业人员的权利。非标准就业人员一直存在零散用工的情况，工资收入不稳定并且没有社会强制性保险福利。通过对非标准就业人员采取劳务派遣制度，从短期来看，可以提高这类人员的工资水平，从长远来看，可以保障他们退休后的日常生活。

二、普通劳动者——正常保护

普通劳动者指的是排除弱势劳动者之外的非管理人员。不同领域的普通劳动者所指有所不同，通常意义上包括了专业技术人员和普通的非管理岗位的知识分子。普通劳动者与弱势劳动者相比，能够与用人单位建立相对稳定的劳动关系，同时普通劳动者由于知识技能相对丰富，有着和用人单位相对对等的谈判基础。普通劳动者也有维护自身权利的意识，通过法律能够较好地维护自身的合法权益。在普通劳动者和用人单位关系中，在遵守法律法规强制性规定的基础上，应当尊重用人单位在绩效考核以及自主管理的合法性，考虑允许企业与劳动者就末位淘汰、竞争上岗等方面进行约定，在适度保护劳动者的基础上，也给企业相应的管理自由。❶

普通劳动者的特点可以通过比较弱势劳动者和强势劳动者而得出。普通劳动者与弱势劳动者相比，一般具有较高的文化程

---

❶ 郭淑贞、姚成林：“基于典型案例分析的《劳动合同法》主体分层模式探究”，载《福建广播电视大学学报》2016 年第 5 期，第 76 页。

度，基本都是受过良好大学教育的，能够很好地接受新知识和新技能。因此，在与用人单位的关系中，人格从属性和经济从属性与弱势劳动者相比相对较弱。但是，普通劳动者与强势劳动者相比，还是属于被管理的类型。没有强势劳动者那样可以与用人单位谈判的优势。综合这些因素，普通劳动者的保护力度应当弱于弱势劳动者而强于强势劳动者。

三、强势劳动者——弱化保护

"经理阶层"在我国的社会分层中，毫无疑问属于强势劳动者。经理阶层对市场化的改革起到最积极的推动和创新作用，是公司必须设置的生产经营和管理辅助工作的辅助执行人员，代表着现代公司中最先进的生产力和现代经济体制改革中最先进的发展方向。这个阶层中的管理人员都集中支配大量的人力资源和经济资源，他们中的大多数受过高质量的素质教育，有着扎实的专业知识和丰富的管理经验，在公司内部有着主持生产经营管理工作和拟定公司内部管理机构的设置方案等相关职能。经理的主要管理职能和我国公司现有的产权状况决定了经理在当前公司的阶层结构中是举足轻重的管理人员地位，也属于主导阶层中的一部分。他们在我国现有的经济体制和社会经济生活中的影响力之大甚至超越了私营业主阶层人员，而且随着现代社会市场经济的不断发展，公司的竞争日益激烈，经理阶层对经济社会的影响力将不断扩大。

高层管理人员也可以称为公司高管，主要指的是公司的经理、副经理、财务管理人员和公司章程中规定的管理人员，他们是公司生产经营管理的核心管理阶层，在公司管理层中担任重要职务，其中最重要的职能是决策。这个位置上的管理人员需要对

第五章 我国公司高管劳动法适用立法思路：劳动者分层保护

公司的组织总体负担责任，这个组织总体包括了公司的首席运营官和一些对公司的总体运营把握全局的高层领导者，还应该包括为公司的高级管理者提供帮助和服务的人。他们了解国家经济政策，决定公司的经营方向和投资计划，制定公司根本的管理制度、决定公司重要人事组织的变动方向，掌握对公司重大事项的决定权，负责公司全面的战略和统筹管理事项。也就是说，只要是关系到公司长远、重大而全面的发展方向，公司总体的经营计划和投资方案以及与其他公司合作交流与公司参与市场竞争有关的重大事项，都应该由公司的高层管理人员作出决策。他们在公司进行经营和投资的过程中发挥了全面指导的作用，比如说公司面对日益激烈的市场环境应当如何进行创新、如何妥善处理与其他公司的竞争与合作的关系，如何领导企业识别和规避风险等。

中层管理者掌握公司经营管理的实际权力，既要妥善地贯彻落实公司的经营方针和投资计划，执行高层管理者通过的决议中的每个事项，还需要为公司实现利益最大化制定许多重要的决策，但是这些决策的制定并不是简单地根据中层管理者的想法和意向来进行制定，而是根据高层管理者的总体指示结合公司目前的发展状况来制定，中层管理者的工作内容和职业特性的决定权已经不在自己手中。从公司的章程和管理者的名义来看，中层管理者是公司组织管理者中的一部分，但是他们对制定公司的战略目标并没有实际的权力。这就是中层管理者区别于公司中的高层管理者的地方，然而他们又和一线的工作人员有着很大的区别，所以中层管理人员在公司中的地位具有位于高层管理者和基层管理者之间的领导者和被领导者的双重身份。在某种意义上，中层管理者在高层与基层管理者中充当着交流与沟通的信息渠道角色，可以帮助高层管理者快速有效了解基层工作人员的需求和想法，帮助基层管理者理解现有的公司决策。中层管理者还是公司制定经营方针、投资决策和公司发展战略的主要参考人员。他们不仅要贯彻落实高层管理者制定出来的总体决策方案，还要将方案转化并领导每个部门具体实施。就中层管理者的工作内容而言，他们承担公司内部大量而烦琐的具体管理和实施工作，他们需要负责的是公司中某一特定部门方向的职能，比如说销售人员如何提高业务能力、人力资源部门如何正常运行。资产管理人员对于提高企业的总体效益从而实现公司利益最大化起到重要作用。他们在纵向上需要贯彻落实高层管理者的决策，在横向上需要与其他的部门进行沟通和交流，如企业人员管理部门和销售部门的沟通和交流助于业务提升。

公司中的基层管理者也可以被称为监督管理人员或者是一线管理者，他们算是公司组织中的一部分却处于管理者中的最底层。基层管理人员是贯彻落实公司决策方针中至关重要的角色。他们的工作任务繁重，主要任务是传达上级的指示要求，并且用通俗易懂的语言向员工解释领导者作出决策的意图，并且将上级决策细致分类，直接分配给工作人员不同的工作任务，积极而又灵活地贯彻落实上级的每一个决策。同时，要整理每个季度的工作完成进度和完成情况，报告于中层管理人员，上级管理人员要通过他们来了解工作进度与基层工作人员，了解公司决策的具体进展。因此，他们为公司上下级沟通提供快速有效的信息渠道，促进公司管理者职能的高效行使，是位于高层管理者和普通一线工作人员之间的管理阶层，特别是基层的监督管理人员，需要承受来自不理解上层决策的一线工人和高级管理者之间的对抗矛盾压力。基层管理者对于一个公司内部来说既是管理者又是被领导人员，是处于公司组织边缘的阶层。基层监督管理人员往往不属

第五章　我国公司高管劳动法适用立法思路：劳动者分层保护

于公司最重要的管理部门内部，甚至位于管理阶层的边缘，他们对管理部门的影响可以说是无足轻重，但是基层管理人员在某些方面来说仍然具有公司管理人员的特征，同时也具有一线工作人员的特征。他们的主要任务就是贯彻落实上级管理部门的要求和指示，调动基层工作人员的生产积极性，分配和监督一线生产员工按时完成生产任务。

从劳动法的立法目的和法律原则的角度上来看，强调的应该是对相对处于弱势地位的劳动者的保护，而不是倾向于保护劳动地位相对来说较高的组织管理人员。公司高管在公司中代表或代理雇主担任的是对经营活动进行经营和管理的地位，不符合劳动法所规定的劳动关系中对于"劳动者"的定位，或者说是具有"人格属性"的名词界定范围。公司内部的管理人员在公司运营的工作中起着管理和决策的作用，领导劳动者进行生产活动，高级管理人员位高权重，直接支配公司的人力资源和生产资料，直接决定公司的重大项目和决策方案，可以说是掌控了一个公司的发展方向。因此，他们身上具有更多的领导公司发展的地位，与公司谈判交流的能力，与公司本身具有更多平等地位的色彩。特别是公司中的高层管理人员，他们在公司内部运营中被管理的色彩并不浓重，更多的是决定公司的发展方向，提出对劳动者的工作要求，管理他人的特征较为明显。在公司的运营过程中，在行使高级管理者的职能时，有很大的自由裁量权余地。公司高管在公司中的这种地位，与普通劳动者必须服从用人单位的指挥和管理的地位极其不符。我们需要采取劳动法中对于领导者进行分层保护的思路，在立法中对劳动法的保护对象倾向于劳动地位较低的底层劳动者而非管理者，下移立法保护对象的重心，才可以真正实现法律所维护的公平正义，避免出现该被保护的劳动对象得不到法律保护，反而不该被保护的劳动对象得到了劳动法的保护的法律现象，我们只有用"劳动者分层保护理论"来指导劳动法的立法实践，对劳动者区别对待，差别适用，才能顺应劳动关系不断发展变化的需要。

　　笔者认为，通过将劳动者划分为弱势、普通和强势三个类别的"劳动者分层保护说"有利于将原来保护较为充分的经理阶层排除劳动法的保护。同时扩大普通劳动者的范围，特殊照顾弱势劳动者的利益。笔者提出的劳动者分层保护说有利于细化职业分层，给予符合劳动法立法宗旨的劳动者以倾斜保护，实现劳动者和用人单位的实质平等，构建和谐的社会主义劳动关系。

第六章　我国公司高管劳动法适用立法技术：明晰法律关系

我国《劳动法》对劳动者的范围缺乏明确界定，从《劳动法》《劳动合同法》的规定来看，一般认为，与用人单位签订了劳动合同或有用工的，即建立了劳动关系，都被认为是劳动法调整的劳动者范围，均未加区别地属于同一个层级，受《劳动法》调整和保护。这种"一刀切"的劳动者界定的立法模式，必然对一部分劳动者保护过度，同时使另一部分劳动者保护受到不公平待遇，有违实质公平公正的法治理念，也与"去强扶弱、倾斜保护"的《劳动法》宗旨不相吻合。为此，鉴于公司高管具有双重身份属性，劳动者分层保护理论同样适用公司高管的区分保护。如何解决我国公司高管劳动法适用问题，除要明确劳动者分层保护的立法理念和思路外，还要调整和完善公司高管是否属于劳动者身份的立法技术，包括不属于劳动者身份时与公司的法律关系以及不同法律适用冲突的协调。

第一节 立法模式与体例

一、立法模式：采用"概括+列举+授权+排除"的方式

（一）我国劳动法适用范围的立法模式分析

在劳动者（雇员）的界定模式上，各国和各地区基本上将从属性作为认定的标准，我国学者对此也没有争议，因公司高管在组织上和经济上相对于公司来说，具有从属性，因此，我国《劳动法》第2条规定："在中华人民共和国境内的企业、个体经济组织（以下统称用人单位）和与之形成劳动关系的劳动者，适用本法。国家机关、事业组织、社会团体和与之建立劳动合同关系的劳动者，依照本法执行"，对公务员、现役军人、农村劳动者、家庭保姆作出了排除适用《劳动法》的规定，但对公司高管没有作出排除适用规定。由此可见，由于理论上认同公司高管具有劳动关系中劳动者从属性的特征，导致《劳动法》对公司高管的适用没有区别对待，一律视为劳动者。我国劳动立法针对所有劳动者，希望通过综合性的覆盖所有劳动者的立法调整劳动关系，缺乏对劳动者群体内部差异性和类型多样性的考虑，这种针对所有劳动者进行立法的模式显然已无法适应劳动关系复杂化和劳动者主体多样性的需求。[1] 我国劳动法对劳动者适用范围作了较为粗糙的规定，采取了不完整的概括加排除适用的立法方

---

[1] 谢增毅：《劳动合同法论》，社会科学文献出版社2019年7月版，第18-19页。

第六章　我国公司高管劳动法适用立法技术：明晰法律关系

式，概括排除式规定，既没有对公司高管内涵作出界定，也没有提及对其排除适用。笔者认为，这种立法模式有违劳动者和公司高管客观性标准，无法应对劳动关系新的变化需要，对公司高管适用劳动法以及排除适用劳动法的情形，在《劳动法》适用范围之立法中应当进行重新定位与调整。

(二) 主要立法模式评析

概括式立法是对有关事项作原则性、模糊性、概括性的规定，其优点在于：可以适应劳动关系的新变化，调整公司高管不同称呼的情形，体现了原则性与灵活性相结合，保持劳动法调整对象的适应性和稳定性；由于对公司高管范围和情形只是作原则性的规定，有助于扩大实务部门的案件受理范围，保护劳动关系双方的合法权益。《环境保护法》第 2 条前半部分将"环境"概括界定为"影响人类生存和发展的各种天然的和经过人工改造的自然因素的总体"。其不足在于：法规本身的模糊性，导致司法实务人员无法根据法规对案件准确作出裁判；法规规则本身的不确定性，赋予仲裁员和法官较大的自由裁判空间，容易造成劳动关系主体权益的损害；法规的原则性，缺失其引导功能，无法引导社会公众守法，对指导公司建立有效的人力资源管理制度也无能为力。

列举式立法属于精确化立法方式，由于立法的事先列举，其优点在于：有利于仲裁机构和法院明确公司高管劳动争议的案件受理范围；有利于劳动仲裁员或法官在判案时，可以对公司高管依据法律规定精确地作出裁判，有利于明晰公司的劳动关系管理，提高公司人力资源管理水平。其不足在于：劳动法以劳动关系为调整对象，劳动关系也处于不断发展变化之中，"高管"的称呼，可能在不同的劳动关系中、在不同的公司企业中，会有不

183

同的叫法，比如执行官、运营官、首席会计师等，列举式的立法模式难以穷尽公司高管的具体情形，导致司法实务因出现没有列举的情形而无法适用。

授权式立法是指对相关事项的规定，授权一定的机构依据程序作出相应规定和解释，这种立法方式可以解决劳动法适用范围的新情形，确保劳动法适用的适应性和稳定性，但由于法规具有不确定性，容易造成权力滥用，导致司法实务困境，因此，这种立法方式只能作为辅助性和兜底性的方式使用。

排除式立法是一种消极性列举式的立法方式，明确排除适用的事项和情形，具有简单、明了、便于适用的优势，因它是从反面进行界定并排除适用，也必须与正面界定结合起来适用，否则司法实践无法适从。比如，我国《行政诉讼法》列举了数种可以提起行政诉讼的具体行政行为和不可提起行政诉讼的行政行为，采取了列举和排除式的立法模式。我国《劳动法》尽管采取了排除式的立法方式，但由于没有区分劳动者的情形，也就不成为列举式立法，对公务员、现役军人、农村劳动者、家庭保姆采取了列举排除适用的立法方式，但由于对高级别的公司高管没有排除适用，因此，也存在修正和完善的空间。

（三）我国劳动法适用范围的规定应采用"概括+列举+授权+排除"的立法模式

由上分析可知，无论是概括式、列举式，还是授权式、排除式的立法方式，均同时具有优势和不足，为使优势互补，弊害互克，各国立法往往倾向于采取折中的立法方式，即"列举+概括"的立法方式，是指立法者列举具体事项的同时作出一个概括式的兜底规定，以避免对相关事项的遗漏，同时确保公民能够通过规则预测自己行为的法律后果，增强法律与社会生活的适应性。正因为这种折中的立法方式能够发挥两者的优势,克服两者的不足,被立法者广泛使用。笔者认为,我国《劳动法》《劳动合同法》及相关法规对适用范围的规定过于粗糙,尽管概括并列举排除了不得适用的情形,但对公司高管作为劳动者的情形和不视为劳动者的情形没有区分,这种立法模式已不能适应劳动关系已经发生的新变化,给仲裁和司法实务带来了适用困境,应当修正和完善现有不完整的概括加排除的立法方式。首先应明确混合性折中式的立法方式为改进的方向;其次应重新定位劳动者的资格和公司高管劳动者的身份属性,拟采用"概括+列举+授权+排除"的立法模式。这种混合折中式的立法模式对劳动法适用范围的规定,既能够对劳动法适用劳动者的范围作基本界定,包括对公司高管进行界定,又能够列举劳动者包括公司高管的具体情形,并且授权公司章程对特殊情形下雇员是否认定为公司高管作出判断,同时又对包括对公司高管以及不得适用劳动法的情形作出排除规定。这种立法模式兼顾了法律适用的原则性和灵活性,又补充完善了公司高管是否作为劳动者调整的新情形,同时增加了公司高管认定的弹性标准,能够满足劳动法应对劳动关系新变化的调整需要,具有时代性和稳定性。

二、立法体例:特别规定

立法体例是指立法者根据部门法的立法理念、立法宗旨、立法内容之特点,依照某种理论逻辑而形成的立法文本之结构,属于"立法形式"之范畴。它不仅体现了立法者对该部门立法宗旨和立法内容的把握,还体现了立法者对该部门立法的政治、经济、社会功能的判断和预测,因此选择何种立法体例,便成为

"立法技术"。❶ 我国劳动法对劳动者适用范围的规定，在立法定位和调整时，应当选择劳动者分层保护的思路，在分层保护的路径中，应当包含公司高管，但又不能包含所有的公司高管，可见公司高管也应当区分适用劳动法，这就面临着在立法方面，应采取何种方式和立法技术，既将公司高管纳入劳动法调整范围，又将高层次的公司高管排除劳动法的适用。对公司高管在劳动法上进行区分保护，需要解决立法体例问题，也就是立法技术问题，一般来说，立法体例大致有三种方式：统一立法、分散立法和特殊规定。❷ 不同的立法者应根据部门法的宗旨、内容和立法现状，选择采用适宜的立法体例。

统一立法也称综合立法，是指在该部门的基本法律中专章规定相关事项，明确其适用原则、具体内容和规则，以便司法实务部门操作和实施；分散立法是指就相关事项分散规定在该部门法的相关法律法规中，或通过其他相关法律部门来进一步加以明确规定，使其成为一个完整的体系；特殊规定是指就某些事项在法律中作出一般规定后，通过设置特别条款或特别立法予以规定，并对其优先适用。公司高管区别适用劳动法也是劳动者分层保护的重要方面和重要内容，如果能在劳动法中作出一般规定，进行统一立法无疑是劳动法调整范围改进和发展的方向，但在统一立法的背景下，要求劳动者分层保护或公司高管区分保护的理论和实践达到相当成熟，社会群体广为接受的程度，这需要一个过程。根据先立后行、先行后立、边行边立的立法经验，纵观我国

---

❶ 周刚志："公共文化服务之立法体例刍议"，载《云南大学学报》（法学版）2013年第5期，第3页。

❷ 薛惠敏：《分层保护视野中劳动者身份的认定》，吉林大学2017年硕士学位论文，第29页。

第六章 我国公司高管劳动法适用立法技术：明晰法律关系

劳动法律法规具有分散性的特点，以及劳动争议仲裁机构和法院已经对公司高管区别适用劳动法的司法实践，笔者认为，先行后立的时机已经成熟，应当采取特别立法的方式，对劳动者分层保护并区分公司高管不同情形适用劳动法作出特别规定。建议由最高人民法院以司法解释的方式对公司高管如何适用劳动法作出特别规定，待时机成熟时，再上升为劳动法的一般规定，这种立法体例一方面符合我国司法实践，也与我国劳动法律现状具有吻合性，具有较强的可操作性；另一方面体现了我国的立法智慧和经验，也是劳动法律法规制定的通行做法，比如，事实劳动关系的认定，先由部门规章作出规定和解释；个人承包经营违反劳动法规定招用劳动者，给劳动者造成损害的，发包的组织与个人承包经营者承担连带赔偿责任，先由司法解释作出规定；后来这些特别规定都上升到《劳动合同法》第7条和第94条的规定，是将特别规定和解释上升到法律层面的一般规定。

第二节 公司高管的范围及劳动者身份定位

作为成文法国家，要在劳动立法上界定劳动者范围，并将公司高管区分是否具有劳动者身份，必须要体现原则性和灵活性相结合，强化作为成文法律的指引作用。因此，应充分运用概念法学原理，有必要对劳动者和公司高管的法律概念作扩大性的概括界定，实现对弱势群体倾斜保护的劳动法宗旨，并增强劳动法适用的时代性和灵活性，当然对劳动者内涵揭示和公司高管分层设计一定要精准定位，并充分体现劳动关系的本质，才能确保法律得到有效实施，防止法官过度的自由裁量权，树立劳动法治权威。

公司高管是指公司高级管理人员，从内涵上界定可分为广义、中义和狭义三个层面。广义的公司高管，是指对公司经营管理活动具有决策权或者重大影响的管理人员，包括董事、监事、总经理、副经理、财务负责人、上市公司董事会秘书和公司章程规定的其他人员。此外随着现代企业制度的发展，公司高管的称谓发生了新的变化，出现了诸如首席执行官、首席运营官、首席财务官、首席会计师等新名称。❶ 中义的公司高管，是指代表用人单位（公司）对公司经营管理活动具有实际管理权，但没有决策权，通常为用人单位聘请的职业经理人、用人单位代表等。狭义的公司高管，是指由董事会或总经理聘任的、从事公司日常经营管理活动的自然人，❷ 也就是我国《公司法》规定的公司高管范畴，根据我国《公司法》第216条的规定，高级管理人员是指公司的经理、副经理、财务负责人，上市公司董事会秘书和公司章程规定的其他人员，包括首席执行官、首席财务官、首席运营官、首席技术官等高阶公司经营管理岗位，❸ 实际上是在公司日常经营管理活动中处于高级执行人员的地位。

劳动立法对公司高管进行概括性界定，对其劳动者身份给予列举性规定，并授权公司章程予以确认的经营管理人员，在概括性归纳界定的基础上，再排除具有绝对决策权且具有雇主身份地位的高级公司高管的劳动者身份，从而实现劳动法对公司高管的区分适用。为此，笔者认为，立法对公司高管拟概括界定为：对

---

❶ 陈哲：《公司高管劳动法适用问题研究》，南京工业大学2018年硕士论文，第9页。

❷ 刘俊海：《公司法学》，北京大学出版社2008年版，第253页。

❸ 李颖、宋纯峰："涉及公司高管人员劳动争议案件探析"，载《人民司法》2010年第23期，第43页。

公司经营管理活动具有决策权、实际管理权或执行权的管理人员。根据实际掌控公司经营管理权限情况，对公司高管予以列举分类。

一、具有决策权的公司高管

公司的权力可以分为所有权、控制权、经营权和监督权，从理论上讲，所有权属于股东，而经营权属于经营者，本身经营者已经得到了经营权，而在实际运行过程中，随着公司规模的扩大和股权的细分，经营者又逐渐通过合法手段取得了实际上的控制权，❶ 并且多数属于此种情形，少数由所有者控制。公司的决策、指挥和命令往往是这种类型的公司高管作出的，它决定了公司发展、影响董事会决策和公司内部治理，劳动者遵循他们的指令进行工作，与公司或雇主具有高度的委任性和趋同性，通常以董事长、董事、总经理等身份出现，由股东会或董事会委任，他们的权力由法律或公司章程规定，与公司的从属性不强。

（1）董事长。由大股东或董事会委派，对公司事务进行决策和管理，掌握公司重大事项的决定权，对公司整体运行负责，并指导下一层级的公司管理人员开展工作，具有公司领导者地位和雇主属性。

（2）董事。公司董事由大股东或董事会委派，参与公司重大战略的决策与实施，因作为所有权的股东往往不参与公司的决策，不参与公司的具体事务，交由具有公司管理决策经验的董事和董事会承担，他们在公司中具有较高的地位和声誉，能够决定

---

❶ 张彤雷：《企业高级管理人员劳动者身份质疑》，吉林大学 2014 年硕士论文，第 18 页。

公司重大事务，与雇主具有趋同性。

（3）监事。对公司人事、财务等各项重要事务负有监督职能的公司高管是监事，有权对违规的公司高管提出罢免案；遇法定情形时，有权提议召开临时股东会；对公司高管不作为行为，有权代表公司提起诉讼等。可见，公司监事具有重要的权限，在公司中具有独特的地位，其权力很多是由法律直接规定，不是公司与监事之间能够约定的，不同于普通劳动者。

（4）具有法人代表身份的总经理。作为公司法定代表人的总经理对公司的经营管理具有决策的权力，对外可以代表公司，对公司的规章制度和重大事项具有主导权和决定权，在公司中具有至高的地位，通常认为对外可以代表雇主行使公司的经营管理权力，具有雇主属性。

二、具有实际管理权的公司高管

公司经营管理权是公司的重要权力，这类公司高管对公司拥有日常经营管理权力，也享有一定程度的决策权，这些权力受公司或雇主委托，其工作开展也受具有决策权的公司高管的领导和指挥，处于联系雇主和雇员的纽带地位。

（1）没有担任法定代表人的总经理。受公司或雇主聘用担任公司的经营管理的负责人，没有对外代表单位的权力，不具有法定代表人资格，但对公司的日常经营活动具有实际管理权和决定权，在公司授权范围内具有相对独立管理公司事务的权力，既对雇主负责又管理普通员工。

（2）公司的单位代表。具有经营管理经验、专业特长和职业素养，由公司聘用从事管理的人员，在公司的治理中，经公司授权，这类公司高管一般在公司人事管理、业务拓展、规章制度、绩效管理等方面代表公司，具有较大的经营管理权力，对于公司事务及其员工来说，他们就是替代雇主的管理者，具有雇主身份。另外，公司的单位代表作为公司高管，是由公司董事会聘任，应在授权范围内行使经营管理权力，依照公司规章制度行事，并接受公司监督，对公司具有从属性。由此可知，此类公司高管在授权范围内可以代表公司行使公司经营管理权力，又受制于董事会，具有雇主兼雇员的双重身份。

三、具有执行权的公司高管

此类公司高管与前两类公司高管的区别是：对公司决策和实质意义上管理权严格受到限制，其承担公司管理职能主要是执行性工作，负责公司的经营计划和管理事务的具体实施，并受公司及上一层级公司高管（前两类公司高管）的指导和领导，相对于普通员工来说具有话语权，属于管理者，因他们主要是执行公司的指令，属于底层管理者，与普通劳动者一样具有雇员属性。

（1）公司副总经理。公司副总经理主要是协助公司总经理分管相应领域的工作，在总经理的指导下负责制定公司经营发展规划，协助总经理沟通协调公司各个部门，在分管职责范围内，协助总经理并落实总经理的指令，推行分管领域公司事务管理措施具体落实到位等，主要是公司经营事务管理的推动者，属于相对底层的管理者。

（2）公司总经理助理。公司副总经理主要是协助总经理就分管工作具体负责落实到位，而总经理助理主要职责是协助总经理负责协调处理公司各项事务，协助总经理协调公司各部门，相当于总经理的助手，代表总经理的意思和指令，将公司各项经营管理决策和措施进行总体协调并具体推动落实。

(3) 公司部门经理。公司部门经理是公司部门的具体负责人，在该部门熟悉流程，精通业务，对接上层公司高管，具有一定的管理能力和管理权限，属于公司管理人员范畴，但主要是受公司总经理、副总经理的指令和依照公司制度开展工作，少为决策性多为落实性工作，处于相对底层的执行性管理人员角色。

(4) 董事会秘书。董事会秘书一般由公司聘任的专业技术人员担任，对内负责管理层会议的筹备，协调公司各部门相关工作，对外代表公司负责联络相关部门，其工作职责涉及公司经营重要事项，属于公司高管范畴，但对公司事务没有实质性的决策权和管理权，同时又属于相对弱势的公司管理人员。

(5) 公司财务负责人。公司财务负责人是具有财务专业知识、财务管理经验、熟悉公司财务的管理人员，公司财务与公司经营决策息息相关，决策时需要公司财务负责人参与，《公司法》赋予其对公司报表制作具有权利和义务，通常涉及公司经营管理的重要事项，在公司管理人员中地位特殊，属于公司高管范畴，但没有实际管理性的权力，主要是执行性的事务。

四、公司章程规定的其他公司管理人员

美国、德国等对豁免劳动法规则的高管人员范围的确定较为灵活，对公司高管的界定，主要看其对公司的实际管理权限，尤其是是否享有单独雇用或解雇他人的权力，并且考虑其参与公司经营管理的程度、是否拥有公司股权、薪酬情况等。换言之，这些国家的法律只提供一个基本的判断标准，某公司职员是否属于

第六章　我国公司高管劳动法适用立法技术：明晰法律关系

应当豁免劳动法规则的高管应视具体情况而定。[1] 我国也借鉴了这一立法共识和经验，《公司法》第 216 条规定："高级管理人员，是指公司的经理、副经理、财务负责人，上市公司董事会秘书和公司章程规定的其他人员。"对公司其他高管人员的认定，立法授权公司章程可以作出规定，但在劳动法律法规中对此并没有相应规定，笔者认为，劳动法应当借鉴公司法的规定，对公司中其他高管人员的认定，可以采取授权式立法，由公司章程作出规定，即根据劳动关系发展变化、公司治理创新、不同类型公司的岗位设置、不同类型公司对不同岗位的不同称呼及不同类型公司不同管理的需要，立法授权由公司章程作出具体规定，例如首席执行官、首席财务官、管理顾问、法律顾问、首席运营官、首席技术官、职业经理等不同称谓的公司经营管理岗位，视同公司高管，主要定位于对具体执行公司事务的高级管理人员的界定。

公司高管应当区别适用劳动法，劳动法的适用范围应予以调整，可先通过特别立法的方式作出规定，时机成熟时再上升至劳动法的一般规定，应分为不同情形：（1）公司副总经理、公司总经理助理、部门经理、董事会秘书、财务负责人等具有执行公司事务权力的公司高管适用劳动法；（2）公司章程规定的执行公司事务的其他公司高管适用劳动法；（3）非公司法定代表人的总经理、用人单位代表等具有公司经营管理实际权力的公司高管，与公司成立劳动关系，可以适用劳动法，但在劳动合同解除、工作时间、参加工会、经济补偿金、违约金条款、二倍工资、举证责任、连带责任等方面限制适用劳动法；（4）公司董

---

[1] 谢增毅："公司高管的劳动者身份判定及其法律规则"，载《法学》2016 第 7 期，第 101 页。

事长、董事、监事、法定代表人的总经理等具有公司决策权的公司高管排除劳动法适用；(5)适用劳动法的公司高管具有劳动者身份，其在法律法规、规章制度及公司授权范围内，依法依规履行公司事务管理和执行职责的公司高管适用劳动法。但是没有依法依规依约，超越职责范围，且主观存在过错的公司高管限制适用劳动法；具有执行公司事务权力的部分公司高管以及公司章程规定的执行公司事务的其他公司高管，在二倍工资、加班工资等少数特别事项方面，根据对公司实际管理控制程度，参照具有公司经营管理实际权力的公司高管限制适用劳动法。

第三节　公司高管与公司的法律关系

一、劳动法与公司法的价值分析

(一)劳动法的价值

劳动法属于社会法的范畴，其主要价值追求是保护劳动者利益，维护社会公平，促进社会发展。劳动法调整的对象主要是劳动关系及与劳动关系有密切联系的社会关系。劳动者和用人单位是劳动法律关系的主体，劳动者处于相对弱势地位，因此，劳动法以倾斜保护劳动者的方式，力求双方利益上平衡，以形式上不平等的方式来追求实质意义上的公平公正，从而维护劳资关系和谐发展，维护社会安全，促进社会整体进步和发展，例如，在劳动合同解除方面，用人单位解除劳动者必须依据劳动法律规定的情形，按照法定的程序进行，而不得随意作出解雇决定，其立法目的就是要保护劳动者作为弱势群体的合法权利，解雇将失去工

第六章 我国公司高管劳动法适用立法技术：明晰法律关系

作，是属于社会整体利益的范畴，而不是作为用人单位的单独的经营管理决策行为。劳动法的价值理念，体现了公法私法兼有的本质特征，既保护单个劳动者的利益，又保护社会整体利益，具有公私兼有、以私为主的价值取向，这一点刚好与公司法的私法价值追求不一致。

劳动法通过"去强扶弱"的理念和方式，实现实质平等和社会利益本位。劳动法主要考虑从社会整体层面来设定双方权利和义务，而不是单个考虑用人单位或具体某个公司的权利和义务。鉴于劳动者处于弱势地位，劳动法律制度立法中的劳动关系建立、劳动就业、劳动保护、劳动争议处理等，都是把劳动者作为群体来倾斜于弱势一方加以保护，对强势一方的用人单位进行适当限制，对弱势一方进行适当扶持，以实现双方实质平等，达到维护社会利益，促进社会发展的目的。劳动法是社会法的重要内容，劳动法的价值也是社会法价值理念的重要体现，是世界各国劳动理论和制度的基本精神和价值。劳动法的价值体现并指导劳动法理论的发展和劳动法律制度实践的运行，但我国劳动立法对劳动者作为一个整体采取统一式立法，没有对劳动者实行"分类调整、区别对待"的标准，[1] 这种立法方式忽视了劳动者类型的多样性、不同劳动者强弱地位的差异性，如不同类型的公司高管无区别地适用劳动法，导致法律适用困境，这也充分反映了与劳动法的价值和立法宗旨相背离。

(一) 公司法的价值

公司法的价值是追求公司自治，强调权利义务的平等保护，追求公司利益最大化，属于私法范畴。私法的灵魂是自由，在公

---

[1] 谢增毅：《劳动合同法论》，社会科学文献出版社2019年版，第20页。

司治理中表现为公司自治。"法无禁止即自由"。这与劳动法重在保护弱势劳动者利益，维护社会稳定，促进社会发展存在区别。公司法更强调自愿、平等、诚信、等价有偿等民商法原则和精神，在其法律规范中，更多的是权利性规范，命令性和禁止性规范虽然有，但不多见，即使存在也是为了维护市场秩序，从而更好实现保护公司、股东和债权人利益之目的。在公司制度设计方面，诸如经营方针的选择、对外投资、规章制度、人事管理、公司治理等方面，均遵循平等原则，尊重成员意思自治。股东作为公司的所有权人，不必凡事都由自己亲力亲为，通常均由专业人士来进行日常经营管理，董事会代理行使经营管理权力，董事会再聘任经理、副经理等公司高管负责公司事务执行，公司法规范中就贯穿了私法自治和意思自由的价值和精神。

　　公司法奉行公司自治，自治型公司法，是指以充分尊重公司意思自治和行为自由为核心的公司法律体系，此种制度既要对公司的自由意志进行充分保障，又要对体现公司的自由意志的各种内外部行为给予全面的合法性确认。公司治理机构的选择、内部权利义务的配置、经营业务的开展等，公司在不违反法律规定的前提下均可以通过章程约定或股东会、董事会决议进行自主安排。❶ 公司高管的聘任与解聘，主要由董事会作出决定，只要不违反法律法规和公司章程，一般均应予以确认，是公司意思自治价值的体现，也是对公司自由意志的确认和保障，符合公司正当权力行使要求，也符合公司最佳利益方式。公司高管与公司发生争议，适用《公司法》和《劳动法》之所以产生完全不一样的

---

❶ 赵万一、赵吟："中国自治型公司法的理论证成及制度实现"，载《中国社会科学》2015年第12期，第157页。

结果，就是因为这两部法律各自的价值取向不一样，因此，需要考究公司高管与公司的法律关系性质，才能正确适用法律，妥善处理争议。

二、公司高管与公司的法律关系

公司高管既具有劳动者属性，又具有雇主属性，在适用《劳动法》和《公司法》中存在身份竞合问题。其与公司的法律关系也具有特殊性，既不是单纯的劳动关系，也不是单纯的委托代理关系，实际上同时具有劳动法律关系和委任法律关系双重属性。

（一）公司高管与公司的劳动法律关系

我国劳动法对公司高管没有作出规定，是由于把他们作为一个劳动者整体加以调整，即便是具有自身的特殊性，但没有排除公司高管适用劳动法，仍然在本质上认定公司高管作为劳动者，但与公司存在劳动法律关系，并受劳动法调整。尽管笔者对此不完全苟同，但具有公司经营管理实际权力的公司高管和具有公司执行权力的公司高管，他们与公司存在劳动关系应该是不言自明的，因为他们符合劳动关系的通常认可的标准和条件。

（1）在人格上具有一定的从属性。公司高管具有特殊的权利，承担特殊的职责和义务，但一般来说，还是受雇于公司，对公司负责，接受公司的管理和安排。

（2）在经济方面具有从属性。公司高管具有管理经验和技术专长，工资薪酬比普通员工高，但毕竟属于他的劳动力付出的所得酬劳，仍然来源于公司。

（3）在组织上具有从属性。尽管公司高管具有相当的经营管理权限，也有一定的自由支配空间，但在工作计划、工作进度、工作时间、工作地点等方面仍然要服从和接受公司安排和管理。

(4) 在业务风险承担方面归属公司。公司高管受聘于公司，在依法依规和授权范围内，诚信忠实履职的情形下，如遇经营业务风险，其后果归公司承担，表明与雇主没有趋同性。综上所述，具有实际管理权和具体执行权的中底层公司高管与公司之间存在劳动法律关系。

(二) 公司高管与公司的委任法律关系

委任关系在法律上没有专门规定，一般又称为委托关系，是指委任方与受委任方基于彼此之间的信任关系，委托方委托受托方处理事务，受托方接受委托而建立的平等的民事关系。公司聘任公司高管授权其进行公司的经营管理也是基于对其专业水平的信任，公司高管所负有的忠实勤勉义务，就是因为其与公司之间的信赖关系而产生。我国公司法对公司董事会聘任和解聘公司高管的规定，是基于公司与公司高管之间存在信赖关系而产生，信赖关系是该制度确立的基础，立法上予以规定实际上在法律层面也认可和确认了这种委任关系的存在。成立委任关系的理由主要有以下几点。

(1) 公司高管接受委托的是处理事务，不仅仅是提供劳动。公司基于对公司高管的信任和管理能力的认可，聘请其处理公司事务，由此，公司高管在处理事务过程中，拥有一定的机动权能和自由裁量权，公司更侧重对其任务和业绩的考核，对过程控制高管具有自主决定的权力，公司不作过多的干预，而对于劳动关系，单位更注重对过程的管理。从这一角度来看，公司高管与公司之间更符合"委任关系"的法律特征。

（2）委任关系具有相对独立性，而雇佣关系更具有从属性。公司高管依法依规和授权约定，可以进行法律行为，其行为代表公司并由公司承担行为后果，法律对公司高管赋予特殊的权利和义务，也就认可了其行为具有相对独立性，这样才有利于顺利完成其所受托的公司事务。雇佣关系主要是提供劳务，其劳动的岗位和内容相对确定，接受劳务受托方没有发挥的余地和空间，更多地要服从指挥，具有依附性。

（3）公司对公司高管以"聘用"的形式予以确认，彰显委任关系属性。公司法对公司高管用"聘用"一词，实际表明与雇用劳动者有所不同，聘用含聘请更为高级的劳动者之意，更倾向于平等性而又委之以重任，即使董事会对经理进行指挥和管理，也应遵循其主观能动性，一般也是"指导性"的意见，不具有服从和命令式的性质。

（4）公司高管的薪酬也不仅是工资报酬，还包括激励性的报酬。普通劳动者获得的薪酬是工资报酬，是其劳动力的有偿使用费，而公司高管除工资外，因完成岗位任务或有突出业绩，将会另外获得激励性的报酬，这些都是基于圆满完成受托事务，遵循等价有偿和市场机制，通过平等协商约定的，更具有委任法律关系属性。

可见，公司与公司高管具有双重法律关系，一方面具有劳动法律关系，另一方面又具有委任法律关系。对公司实际控制权不同的公司高管，他们之间法律关系的偏重程度也不同。

第四节　明确劳动法与公司法效力规则

公司中高级管理人员的纠纷，涉及劳动法和公司法的竞合，如果不分事项，重叠适用两部法律，会产生法律适用的冲突。公司法调整的是基于委托代理关系而产生的平等主体之间的法律关系，而劳动法是针对不平等法律关系进行倾斜保护的法律制度，对弱势一方进行倾斜保护，然而，高管人员相对公司而言，往往更具有管理、技术、信息等方面的优势，显然不完全具有弱势地位，也就没有劳动法的适用余地。因此，公司法和劳动法的立法理念、调整法律关系属性、调整方式均有所不同，劳动法与公司法重叠适用，将产生法律适用上的冲突。❶ 换言之，公司高管不单纯属于某一法律关系，同时兼有双重属性，对公司实际经营管理权限大小不同的公司高管，其所属的劳动法律关系或委任法律关系的偏重也不同，这就表明劳动法或公司法某一部法律不能全部解决其与公司的争议事项，存在主要适用和次要适用、特定事项区分适用的问题，对此需要明确劳动法与公司法的效力规则与边界，笔者认为，应遵循以下几个规则。

一、利益平衡规则

劳动法和公司法的价值取向选择不同，对公司高管某些制度规定，分别适用甚至会产生相反的结果，但两个法律部门只是从不同的角度，采取不同的调整方式保护社会利益和公司私有利益，公私利益本来就是交融存在的，因此两部法律（两个部门法）都是保护公司及其成员的利益，提高经济效益，促进社会发展，它们的终极目标是一致的，所以它们之间存在共同的平衡点——利益要平衡。在高管与公司之间产生纠纷时，不应"一

---

❶ 张翼飞：《公司管理人员劳动法适用问题研究》，华东政法大学 2012 年博士论文，第 108 页。

第六章　我国公司高管劳动法适用立法技术：明晰法律关系

刀切"地适用某一部法律，要认清高管身份上的特殊性和双重性，不能施加过度的保护，又不能剥夺其作为劳动者应取得的基本权益，因此，要在公司、公司高管和普通劳动者三者之间寻求利益相对平衡的状态。❶ 遵循公司、公司高管和普通劳动者利益平衡规则，应当成为公司高管劳动法适用与公司法适用的边界所应遵循的基本原则。如公司高管在适用劳动法时，降低或放宽劳动法对其限制，强化意思自治，普通劳动者适用劳动法时，坚持倾斜保护；公司高管在适用公司法时，尊重权利义务约定，注重忠诚勤勉义务，保护公司利益，此时仅适用劳动法特殊规则调整公司与公司高管之间的权利和义务的分配。

二、不同类型的公司高管区别适用两部法律

正如本书在"公司高管范围及劳动者身份定位"这部分所论述，根据公司高管对公司经营管理实际掌控的权力不同，可以分为不同类型的公司高管。对具有经营决策权的公司高管，具有高度的自主权和自治性，雇主属性相当明显，超出了劳动法所保护的劳动者范畴，应排除劳动法的适用，适用公司法更能尊重他们的意思自治，保护公司高管和公司的权益。具有实际经营管理权的公司高管，在公司部分经营管理活动中，可以代表公司处理事务，同时与公司的从属性关系比较明显，兼有雇主和雇员双重属性，此类公司高管区别于公司形成不同的法律关系，分别适用劳动法或公司法。具有公司事务执行权的公司高管，经营管理权力较小，一般只负责事务性的执行工作，受公司和上一级别的公

---

❶ 杨涵璐：《公司高管劳动法适用问题研究》，辽宁大学 2019 年硕士论文，第 31 页。

司高管指导和管理，雇员属性明显，为此应主要适用劳动法，不适用公司法。公司章程规定的其他公司高管人员，多为特殊事项的执行人，一般处于中底层面的公司高管类型，原则上应适用劳动法，但本着公司自治原则，如果该类公司高管权利义务主要是基于信任，在平等协商、意思自治的基础上形成的，则与公司形成委任法律关系，可以适用公司法。

三、同一类型公司高管视其不同事项区别适用两部法律

具有双重属性的同一类型公司高管，视其不同事项区别适用两部法律。具有实际经营管理权的公司高管，在公司中属于中层管理人员，具有承上启下的作用，兼有雇主和雇员双重身份，在公司的经营管理活动中，如非法定代表人的总经理或经授权的单位代表处理公司事务的行为，是代表公司的事项，因该权利是通过受委任而获得，与公司形成委任法律关系，适用公司法。同时，该类公司高管毕竟是受雇于公司，是用人单位派出的代表，不能完全代表公司，也要接受公司的考核和管理，具有劳动关系属性，在适用公司法后，某些权利保障应区别适用劳动法，比如劳动安全保障、劳动条件、工作时间等事项应适用劳动法，参与工会、集体谈判、合同解除等事项则应排除劳动法适用，实际上此时公司法和劳动法就公司高管不同事项或权益是在相互合作，交替发挥调整作用。

四、委任关系先于劳动关系适用公司法

公司高管与公司法律关系在出现重合时，劳动法律关系是最

基本的关系，在本质上也是与公司存在的核心性的、基础性的关系，而公司高管与公司的委任关系是基于信任才委托形成的关系，可以理解为与公司形成特定的或特别的关系，其对应的调整法律也称为特别法和一般法，根据特别法优先于一般法适用的一般法律原则，应首先认定为委任关系，适用公司法处理好相关法律问题后，再适用劳动法解决相关劳动争议法律问题。优先适用公司法的做法，既符合公司高管设立的初衷，也符合利益平衡原则，公司高管作为公司事务执行人，具有特殊的权利义务，遵循其双方约定，也是出于保障公司利益的需要，公司利益又与劳动者利益紧密相连，息息相关，可见，优先调整委任关系，也符合公司高管、公司、劳动者之间的利益平衡原则。

五、建立和完善促使两部法律调整功能相互补充的配套制度

劳动法作为社会法，国家公权力干预比较多，而公司法作为私法，公权力介入干预较少。公司法的立法目的是适应公司或者企业的管理运营需求，公司法追求盈利，在公平与效率之间，效率至上，目的是建立高效的运营机制，实现价值追求最大化。公司法最主要的特征体现在公司自治上，公司在存续期间自主经营，自担风险，自主处理商事关系。❶ 为实现公司法的立法宗旨，公司法赋予公司董事会享有无条件解聘不能胜任职责的公司高管的权力，为协调和平衡公司和公司高管之间的利益，应建立和完善配套制度，比如违约责任制度、连带责任制度。当公司高

---

❶ 杨春建：《公司高级管理人员的劳动法适用问题研究》，华东政法大学2018年硕士论文，第33页。

管被解聘时，因职责履行不到位，业绩目标未完成，甚至给公司造成损害，公司不会因此而减轻对其他普通劳动者所承担的责任，通过强化公司高管违约责任承担，完善其与公司一起承担损害赔偿连带责任，这些配套制度的建立和实施，可平衡公司、公司高管与其他普通劳动者之间的利益关系。相应地，如果公司与公司高管之间形成劳动关系，则适用劳动法，但毕竟不同于普通劳动者，其个别事项应适用时，同样可以完善配套制度，达到与公司法相互补充之作用，如建立公司高管与公司劳动争议举证责任分配制度，因公司高管作为公司管理者，相对普通劳动者来说其具有掌握信息的明显优势，就不能按普通劳动争议案件举证规则进行，而应分配其合理承担相应的举证责任。总之，公司与公司高管之间关系主要表现为委任法律关系或劳动法律关系，也就对应地主要适用《公司法》或《劳动法》，但是可以通过完善和实施相关配套制度，实现两部法律调整功能相互补充，相互作用，以达到最佳的调整效果。

第七章　我国公司高管劳动法适用特别规则：特殊权利限制

每部法律都体现了立法者一定的价值选择，制定法律的目的就是在寻求一个平衡点。❶ 劳动法制定之目的在于保护弱者、平衡利益，进而促进实质公平，而当前劳动法对于普通劳动者和公司高管给予无差别的保护，并且享有同等权利，这和我国目前劳动者群体的现状是不相匹配的。在实践中，公司高管与普通劳动者无差别地受到劳动法的保护，可能会产生不公平的现象，但是"一刀切"地完全否定公司高管的劳动者地位，将其完全排除于劳动法调整范围之外也不合理。为了使劳动法更能符合实践的需求，笔者建议针对公司高管的劳动法区别适用，正如第六章所述，立法总体设计上分为公司副总经理、部门经理、董事会秘书等具有执行公司事务权力的公司高管，以及公司章程规定的执行公司事务的其他公司高管适用劳动法，但对少数特别事项限制适用劳动法；非公司法定代表人的总经理、公司的单位代表等具有公司经营管理实际权力的公司高管限制适用劳动法；公司董事长、董事、监事、法定代表人的总经理等具有公司决策权的公司

---

❶ 樊成玮：《〈劳动合同法〉与劳资关系评析》，中国法制出版社2010年版，第61页。

高管排除劳动法适用；在法律法规、规章制度及公司授权范围内，依法依规履行公司事务管理和执行职责的公司高管适用劳动法，超越职责范围，且主观存在过错的公司高管排除适用劳动法。

本章在考虑公司高管这一群体的特殊性之基础上，针对具有公司经营管理实际权力的公司高管，以及具有执行公司事务权力的公司高管的特定事项，应制定特殊规则，限制适用劳动法进行阐述。具体而言：（1）对于非公司法定代表人的总经理、公司的单位代表等具有公司经营管理实际权力的公司高管，与公司存在劳动关系，可以适用劳动法，但在劳动合同解除、工作时间、参加工会、经济补偿金、违约金条款、双倍工资、举证责任、连带责任等方面限制适用劳动法；（2）公司副总经理、部门经理等具有执行公司事务权力的部分公司高管，原则上适用劳动法，在双倍工资、加班工资等少数特别事项方面，根据其对公司经营管理权实际控制情况，参照具有实际管理权力的公司高管限制适用劳动法；（3）具有执行公司事务权力的公司高管，在执行公司事务中存在过错，应限制适用劳动法。通过限制这些公司高管的部分劳动法上的权利，进而能够令公司高管在法律上所享有的权利与所承担的义务达到微妙的平衡。本章所指的公司高管是指应限制劳动法适用的公司高管，包括具有公司经营管理实际权力的公司高管及如前所述具有执行公司事务权力的部分公司高管（为论述方便，以下简称"此类公司高管"或"公司高管"），应对他们限制适用劳动法的权利类型制定特殊规则。

第七章 我国公司高管劳动法适用特别规则：特殊权利限制

第一节 微观层面：劳动合同制度的适用

一、劳动合同解除的特殊规则

劳动法对于解除劳动合同也有诸多限制，隐含在其背后的原因，本质上是企业的经营自由权与劳动者生存权之间的利益平衡。[1] 本书涉及的劳动合同解除的特殊规则主要也是在于劳动者的单方解除劳动合同的权利，笔者认为，具有公司经营管理实际权力的公司高管及具有执行公司事务权力的部分公司高管应该排除适用该权利，理由如下。

第一，因为此类公司高管与普通的劳动者相比，其具有公司经营管理实际权力且处于强势地位，在一定程度上公司对其依赖性也较强，此类高管对于公司运营起到不可或缺的重要作用。如果这类高管也适用劳动者单方面解除劳动合同的权利，即在法律限定的时间内，告知用人单位便可以解除劳动关系，那么难免会影响公司的正常经营。

第二，公司聘用此类公司高管主要是为了提升公司业绩，让他们为公司创造更多的利润，他们在公司的地位也很高，如果其无差别地适用单方解除劳动合同的规定，这是对公司利益的忽视，况且具有公司经营管理实际权力的公司高管可能会利用自身的优势，对企业的利益造成损害，对于公司来说极其不公平。

第二，此类公司高管与公司之间具有特殊的权利和义务，建

---

[1] 张冀飞：《公司管理人员的劳动法适用问题研究》，华东政法大学2012年博士论文，第325页。

立的基础是基于信任而形成的委任法律关系,他们之间更多地应体现平等和意思自治,而不能依据劳动法规定,只要提前30天通知即可解除劳动关系。

因此,笔者认为,无差别地适用单方解除权对于具有公司经营管理实际权力的公司高管而言属于过度保护,故建议对于此类公司高管排除适用单方解除劳动合同的权利。

二、加班工资的特殊规则

由于劳资关系的对立,现实中发生的用人单位侵犯劳动者合法休息权的现象司空见惯。我国《劳动法》明确规定劳动者的最高工时以及超过最高工时后的劳动时间所对应的计算加班费的不同标准,就是采用法律明文规定的方式对劳动者的正常休息权加以保护。这一制度的设置目的有:(1)可以对劳动者享有休息时间和个人支配时间予以基本保障,体现出法律倡导的人权保障的基本原则,有助于劳动者恢复体力,从而更好地投入工作中,进而有助于提高企业生产效率,对社会经济的发展也有着一定的积极影响;(2)能很好地防止用人单位为了自身的经营效益和发展,过多地压榨劳动者的剩余价值,不断延长工作时间;(3)劳动法对劳动者工作时间的限制,是为了确保劳动者的休息时间,既是劳动者身心健康的需要,又确保企业产出,促进社会整体经济发展,属于社会性的权利。

此类公司高管本身就是负责公司日常事务的管理和运营,他们的工作内容往往比较繁杂,工作时间有很大的弹性,一般不会像普通员工一样朝九晚五,不适用于标准工时制度,而且这类公司高管很大程度上对于工作时间会进行自我调节。若是劳动法将这类公司高管与普通劳动者一视同仁,那么很难避免这类公司高管为了谋求更多利益，将自己的工作时间更多地安排在法律规定的标准工作时间之外，从而得到高额的加班费用。这样将对公司发展和利益造成严重损害，不利于保护公司利益，也不符合公司设置和聘任公司高管之目的，此时排除加班工资法律规定的适用，有助于劳动法与公司法相互协调，共同调整公司高管与公司的关系，保护双方权益。

因此，为了维护社会公平正义和保护公司合法权益，笔者认为，该制度设立的初衷是保护底层劳动者的基本休息权，应该将此类公司高管排除适用于加班费条款的范围之外。

三、经济补偿金适用的特殊规则

关于经济补偿金的性质，虽然我国劳动法律等相关规定未予以明确，但一般被认为是对劳动者为用人单位所作贡献的补偿，以及对劳动者在与用人单位解除劳动关系后生活的一种救济，支付的标准也是根据劳动者的日常薪酬和工作年限。目前，我国《劳动合同法》规定，用人单位如果和劳动者协商解除劳动合同后，需要依法向劳动者支付经济补偿金，经济补偿金从另一方面说，其实是用人单位让渡出部分利益，从而用来保障劳动者的权益。如果就这样无差别地适用于所有劳动者，对公司来说，不仅会增加相当大的一笔支出，损害公司利益，而且经济补偿金制度也达不到应有的社会价值，无法将关注点放在实际的弱势群体上，从而对真正的弱势群体的利益加以保障。

经济补偿金具有保障功能，是指由于劳动合同解除或终止时，用人单位和劳动者双方均无过错，支付经济补偿金也就不具有法律性质的责任，而为了保障弱势劳动者在劳动合同解除或终止时的生存权向劳动者支付经济补偿金。此时的经济补偿金是一种具有社会保障属性的金钱给付。但是对具有公司实际经营管理权的公司高管而言,他们不再具有弱势劳动者的属性,从这个角度而言,也没有经济补偿金的适用前提。

对于具有公司经营管理实际权力的公司高管来说,其工资薪酬较高且经济实力和就业能力较强,其经济收入以及社会地位的特殊性决定了即使用人单位与他们解除或终止劳动合同,也不会对其产生很严重的影响。若将高额经济补偿金给予这类公司高管,将会和经济补偿金条款最初设置的目的不相符,故笔者建议,这类高管排除适用经济补偿金条款。

四、违约金条款适用的特殊规则

一般情形下,违约金产生主要是基于当事人之间双方达成合意或者直接由法律明文规定。我国《劳动合同法》中的违约金条款,既详细且具体地规定了两种可以通过用人单位和劳动者约定,并且由劳动者来承担违约金的情形。第一种是如果出现用人单位对劳动者进行培训的情形,第二种是关于竞业限制的情形。之所以限制违约金条款,主要就是防止用人单位利用自身的优势地位,在和劳动者订立劳动合同中,通过约定高额违约金方式在一定程度上束缚劳动者,损害劳动者的权益,从而难以实现保护劳动者的立法目的。但是具有公司经营管理实际权力的公司高管不同于普通劳动者,他们往往拥有更多的知情权,受教育程度高,收入高,对雇主的依附性不强,综合素质和知识技能高,维权意识也较强,本身具有与企业平等谈判的能力,违约金条款不一定会限制他们,对其造成阻碍,反而会对单位造成损害,对其他劳动者造成不公平。

因此,笔者认为应该将此类公司高管排除适用《劳动合同法》中违约金条款的适用,应该让这类公司高管和公司之间平等协商,按照我国《合同法》相关规定,双方共同制定相关违约金条款,进而达成合法有效的民事合同,有助于解决这类公司高管如果任意违约引发的争议。适用《合同法》调整他们之间的违约金协议,更有利于促使公司高管尽职履行职责,平衡双方利益,符合公司法立法宗旨。

五、二倍工资适用的特殊规则

我国实行书面劳动合同制度,通过书面劳动合同的订立来明确劳动者和用人单位之间的权利义务。而我国《劳动合同法》所制定的未签订书面劳动合同二倍工资的罚则,主要是基于劳动者在双方的劳动关系中处于弱势地位,劳资关系的不平等,为了防止用人单位规避法律,损害劳动者合法权益。

具有公司经营管理实际权力的公司高管作为一类特殊群体,不同于普通劳动者,其职责本来就是负责公司的经营管理,涉及劳动者的招录、劳动合同的签订、试用期考核到培训、晋级直至最后的离职手续办理等各项工作,对于单位的不规范用工行为,其还有提醒、督促的义务,这类公司高管对劳动法律法规的熟悉程度远远高于普通劳动者,对于用人单位不签订劳动合同的法律后果也十分了解。是否签订书面劳动合同,此类公司高管具有相当的主动权和自主权,即使没有签订,其自身也存在过错,二倍工资罚则适用这一情形已失去了前提和基础。为了避免这类公司高管利用职权故意规避签订书面劳动合同,损害公司利益,违背未签订书面劳动合同二倍工资的罚则的订立目的,笔者建议,应将此类公司高管排除适用未订立书面劳动合同二倍工资制度。

六、劳动关系恢复的特殊规则

实践中会出现公司违反法律与公司高管解除劳动合同，公司高管认为和用人单位签订的劳动合同存在继续履行的可能，去申请仲裁要求恢复其与公司之间的劳动关系，从而公司高管与公司产生纠纷的情形。在此种情形下，法院会对公司高管和公司之间进行调解，公司为避免支付经济赔偿金，往往会选择和该公司高管恢复劳动关系，但对该公司高管调任，安排给其新职位，然而，公司高管也许会对公司安排的新职位不满意，使公司高管处于进退两难的境地。

对于具有公司经营管理实际权力的公司高管及如前所述具有执行公司事务权力的部分公司高管而言，虽然他们不是公司法定代表人的总经理、董事长，但是他们对于公司的重要性也不容小觑，他们在负责公司经营管理的过程中，往往也会接触公司内部的商业机密，公司之所以聘任他们，也是基于对其工作能力和工作经验的信任。但当这类公司高管无法胜任工作，一味采取将其调取其他岗位，与之恢复劳动关系，一方面会导致此类公司高管无法展现自己的工作能力，另一方面也将损害公司的利益。

因此，笔者建议，对这类高管排除适用劳动关系恢复的条款，适用公司法关于董事会对其解聘的规定，董事会对公司高管的聘任与解聘并没有规定限制条件，是公司自主经营权的体现，此时，劳动关系恢复劳动法限制适用，公司法优先适用，也体现了特别法优先适用的一般原则。

七、举证责任适用的特殊规则

劳动者分层在立法层面选择何种立法模式，采用明示、隐含或是其他的立法技巧,都有可商榷之处;而在司法实践中,如何遵照程序、设定举证方式值得考虑。[1] 在举证责任的分配上,一般适用"谁主张,谁举证"的原则,但考虑到公司等用人单位与劳动者相比处于强势地位,往往会比劳动者掌握更多的信息,所以在劳动争议案件中,针对处于弱势地位的劳动者,让其举证证明自身权利受侵害,不仅很难或者根本无法获得证据材料,而且有违公平合理,因此,劳动立法对此类案件实行举证责任倒置。

发生劳动争议案件时,通常是由公司等用人单位负举证责任。这一规定是考虑到劳动关系的现实状况,维护处于弱势地位的劳动者的权益,但并未考虑到具有公司经营管理实际权力的公司高管的特殊性。当这类公司高管与公司产生劳动合同纠纷时,正是因为公司高管无论是谈判能力,还是举证能力,实际上和公司相差无几,相关证据如果是由用人单位掌握,那么实际上就是由这类具有公司经营管理实际权力的管理层所掌握,但这类公司高管与公司因劳动争议而成为对立方时,此类公司高管虽然对于用人单位来说是劳动者,但不会存在举证困难或不能举证的情况,反而很有可能会利用自己的职权,隐瞒或者销毁对自己不利的证据,此种情形下,如果再让公司主要负责举证责任,就会使公司陷入十分被动的境况。

综上所述,此类公司高管作为公司日常经营管理的负责人,其实在一定程度上很了解公司情况,相对普通劳动者来说其具有掌握信息的明显优势,就不能按普通劳动争议案件举证规则进

---

[1] 曹静:"论劳动者分层保护的法律规制与模式重构",载《中国劳动》2015年第2期,第60页。

行，而应分配其合理承担相应的举证责任。笔者认为，在举证责任方面，这类公司高管适用特殊规则，即让这类公司高管对其提出的主张也承担举证责任无可厚非，对他们排除适用举证责任倒置的规则。

八、确立与雇主承担连带责任规则

目前，我国劳动法在实施过程中遭遇各种阻碍，劳动者的权利不能得到很好的保护，这与我国劳动法规定中，相关责任主体仅仅局限于用人单位，缺乏个人责任的规定有着很大的关系。

具有公司经营管理实际权力的公司高管，实际上行使着部分雇主权力，可以被认为处于指挥和控制劳动者的地位，无论从理论上还是从实践上而言都很有必要。将其视为雇主并连带承担有关民事赔偿责任和行政责任，可以借鉴我国台湾地区"劳动基准法"第 81 条❶的规定，甚至可以在今后我国劳动法的修改中，尝试引入"雇主"这一概念，将那些事实上具有劳动事项决定权的负责人或公司高管纳入雇主的范畴，对雇主的责任主体应做适当的扩张，当雇主严重违反劳动法律规定时，将公司高管及直接责任人视为雇主，让其连带承担雇主的责任，将有利于抑制各种侵犯劳动者权利的行为，并将大大地推进劳动法的实施。❷ 此规则的确立，与公司高管雇主属性身份吻合，更大程度上体现公

---

❶ 我国台湾地区"劳动基准法"第 81 条规定："法人之代表人、法人或自然人之代理人、受雇人或其他从业人员，因执行业务违反该法规定，除处罚行为者外，对该法人或自然人应并处以规定的罚金，但法人之代表人或自然人对于违反之发生，已尽力为防止行为者，不在此限。"

❷ 李凌云："高级管理人员的劳动关系定位"，载《中国劳动》2007 年第 7 期第 26 页。

平公正，也有利于平衡公司、公司高管与普通劳动者之间的利益。

因此，笔者建议，为了更好地保障普通劳动者的权益，有效防止侵犯劳动者合法权益的行为发生，对于非公司法定代表人的总经理、公司的单位代表等具有公司经营管理实际权力的公司高管，可以确立其与雇主承担连带责任的规则。

第二节 中观层面：集体劳动关系制度的适用

相对于个别劳动关系，集体劳动关系的法理基础在于通过劳动者结合为团体的力量去争取自己的权利，是对劳动者团结权的法律保障。在我国劳动法实践中，集体劳动关系主要体现为劳动者加入工会，工会作为劳动者代表与企业进行集体谈判并签订集体劳动合同，保护特定区域、行业或企业的劳动者的权益。在肯定公司高管劳动者身份的前提下，集体劳动关系是否能够直接适用于公司高级管理人员，在可以适用的情形下，是否存在规范层面的限制，都有待澄清。

一、公司高管限制加入工会

工会存在的意义在于保护作为劳动关系中处于弱势地位的劳动者的合法利益，使劳动者的谈判能力得以增强，其诉求能被重视。目前，我国的《劳动法》和《工会法》都笼统地规定了劳动者享有依法组织和参与工会的权利。根据《工会法》第3条规定，"在中国境内的企业、事业单位、机关中以工资收入为主要生活来源的体力劳动者和脑力劳动者，不分民族、种族、性别、职业、宗教信仰、教育程度，都有依法参加和组织工会的权利。任何组织和个人不得阻挠和限制"。仔细品读，该条界定了加入工会的劳动者资格，并且要求对劳动者的该项权利不得歧视，设置障碍。由此可知，包括公司高管在内的所有劳动者都可以加入工会。实际上，该规范在劳动者这一主体之前添加了"以工资收入为主要生活来源的"这一限制。若仔细鉴别，公司高管因委任关系而获得的报酬与劳动者所取得的工资存在差异。在薪酬管理方面，公司高管的薪酬往往遵循与公司效益挂钩、短期激励与长期激励相结合的原理。公司高管的薪酬的总体特征在于，"获取高薪酬并且工作性质无法用标准工时衡量"❶。当然，也许有人主张公司高管的薪酬与劳动者工资并无本质区别，都是所提供劳动给付的对价而已。文义解释的方法也就容易限于主观判断。为此，还要从利益衡量、立法目的的角度加以更为深入的分析。

公司高管限制加入工会的深层原因在于避免利益冲突。正如前文所述，公司高管同时存在多重身份，既是公司管理者，又是公司劳动者。若允许其加入工会，则两种身份难免存在冲突，会产生与劳动法倾斜保护劳动者理念的背离。诚如美国学者所说的，"具有讽刺意味的是，法官创设的保护那些在劳动力市场上貌似无法保护自己的雇员的法律规则，实践的结果却是向上层雇员输送了市场上大多数的福利"。❷ 特别是就工会来说，集体劳动法排除管理人员的法理基础在于工会组织"纯粹性"的要求，

---

❶ 邵珠同："高级管理人员适用劳动法的裁判考量——基于 193 份判决书的实证分析"，载《时代法学》2018 年第 6 期。

❷ Paul C. Weiler, Governing the Workplace: The Future of Labor and Employment Law. 转引自谢增毅："公司高管的劳动者身份判定及其法律规则"，载《法学》2016 年第 7 期。

第七章　我国公司高管劳动法适用特别规则：特殊权利限制

防止雇主借由管理人员之手间接干涉工会，破坏工会内部团结。❶ 然而，在现实生活中，工会里还是存在很多公司高管，他们甚至身居要职，当他们掌握着工会的权力，对劳动者权益的保护就岌岌可危了，这样工会制度也将成为形式主义。在集体谈判时，很多情况是公司高管既是工会成员，又代表着公司的利益，站在职工群体的对立面，这一矛盾现象也会影响工会组织的团结，进而损害劳动者的合法利益，给我国的工会制度造成不好的影响，使工会无法真正发挥作用。对此，应从法律上取缔公司高管的工会成员身份，因此作出的侵犯劳动者权益的工会决议应定为无效法律后果。

国外很多国家已经采取了在法律上予以应有的保护的做法，具体就是对公司高管的任职作出限制，对于一定级别以上的公司高管限制甚至排除其加入工会，更不能担任工会要职。我国可以结合国情，防止具有公司经营管理实际权力的公司高管为了维护公司的利益，而将员工群体的利益弃之不顾，限制其参加工会和行使集体谈判权。笔者认为，限制这类公司高管参加工会的权利，也将是未来完善劳动立法的共同趋势。正因为不得加入工会，相应地，公司高管也就失去签订集体劳动合同的基础和前提，集体劳动关系也就不适用于公司高管。

二、公司高管有权加入行业协会

尽管公司高级管理人员不得加入工会，但并不代表其没有利益诉求，不需要权利救济的武器。宪法所保障的结社权当然也为

---

❶ 常凯：《劳权论——当代中国劳动关系的法律调整研究》，中国劳动社会保障出版社2004年版，第140-144页。

公司高管所享有。因此，公司高级管理人员享有加入同业协会的权利，与律师加入律师协会一样。在我国，公司高级管理人员可以加入全国以及地方的职业经理人协会。其中，中国职业经理人协会（China Association for Professional Managers）成立于2012年6月30日，是由民政部直接登记管理的全国性社团组织。其章程中载明其宗旨为，"积极发挥社会团体作用，不断完善以市场和出资人认可为核心的职业经理人才资质评价体系，充分促进职业经理人才的市场化配置，持续推动建立中国职业经理人制度"❶。因此，公司高管虽然不能加入公司工会，但不等于没有维护其利益的途径，仍然可以行业协会来维护自身利益。

作为劳动者，公司高管也有一定程度的从属性特征。相比于用人单位来说，公司高管处于相对弱势的地位。因此，公司高管自然存在通过集体的力量维权的需要。在不能参加工会的情形下，公司高管可以通过行业协会来保障自身利益。行业协会一方面通过制定相应的标准提升职业经理人的素质，另一方面也通过协会的力量为会员提供各种支持和帮助，通过这一平台来维护整个行业及其成员的合法权益。

第三节　宏观层面：劳动基准法的适用

一、限制标准工作时间的适用

我国通过法律明文规定的方式，确定劳动者的工作时间，就

---

❶ "中国职业经理人协会章程"，载 http://www.china-capm.org.cn/introduce/intro.html/，最后访问时间：2020年2月27日。

第七章 我国公司高管劳动法适用特别规则：特殊权利限制

是为了保障劳动者的基本休息权，避免用人单位随意延长劳动者的工作时间，影响劳动者劳动力恢复，从而影响单位乃至社会经济总量产出，从另一个角度来说，也是倾斜保护劳动者。普通劳动者所从事的工作往往比较固定单一且容易被量化，适用标准工作时间制度，其实是对劳动者的保护，体现在一旦普通劳动者超过标准工作时间还在工作，用人单位就应对普通劳动者额外付出的工作时间，支付相应的额外工资。但是，此类公司高管与普通劳动者在用工形式、工作时间等方面都存在很大的不同。此类公司高管侧重于脑力劳动，负责经营管理公司，劳动成果难以量化，在工作时间方面，公司对他们并没有太多严格的限制，他们可以自主地安排自己的工作时间。一旦此类公司高管适用标准工作时间，可能会诱发道德风险，即一旦他们为了争取更多利益，把自己的工作时间安排在标准工作时间之外，以此获取额外的工资，将损害公司利益。此外，公司高管对公司负有特殊的权利和义务，完成这些任务是其职责所在，也是基于信任接受委托所形成的，与普通员工不同的是他们难以用时间标准来衡量其职责和工作任务之完成情况。

笔者认为，如果具有公司经营管理实际权力的公司高管跟普通劳动者一样，也采用标准的工作时间制度，不仅不利于这类公司高管开展工作，与其工作特点不匹配，也与工作时间制度的设立初衷不相符。基于以上理由，此类公司高管应该限制适用标准工作时间的适用。

如果不加区分地将加班制度适用于所有的劳动者，一方面会提高用人单位的加班成本，给用人单位增加负担；另一方面也与加班制度设立的目的不符，不能保护真正需要保护的劳动者。不同于普通劳动者的工作时间完全由用人单位安排，公司高管工作时间有很大的弹性，可以自我调节，而且这类公司高管一般实行年薪制且金额比较高，在公司给予公司高管这么高的报酬中已经包含了其需要为公司发展付出的时间和精力，不宜再额外给公司高管多支付工资。

具有公司经营管理实际权力的公司高管适用加班工资制度往往是在增加企业的用工成本，可能会导致企业生存的困难，与立法原意和宗旨不符，难以用标准工作时间或加班时间来衡量公司高管的职责履行和工作任务的完成情况，即使是延长工作时间，也是其履行职责应有之义。基于以上理由，此类公司高管应该限制适用加班工资制度。

二、排除适用最低工资制度

最低工资制度的制定，从劳动者的角度来讲，是为了保障劳动者最基本的生活条件，让其能够生存；从社会发展的角度而言，这是在用人单位与劳动者之间，对处于弱势地位的劳动者实现倾斜保护，维持社会的稳定、和谐发展。

如果此类公司高管也适用最低工资制度，未区分公司高管和普通劳动者在劳动力市场中的地位差别，会导致对强势群体和弱势群体的判断产生模糊，令普通劳动者没有获得应有的保护，反而是处于强势地位的这类公司高管得到更多的保护，不符合劳动法中倾斜保护的原则，也有违社会的公平正义。与此同时，具有公司经营管理实际权力的公司高管，作为劳动者中的强势群体，其在工资上明显比一般的劳动者的工资要高，也高于社会平均工资，最低工资制度对他们而言意义不大。作为劳动基准法重要内容的最低工资制度，具有法定性是其本质特征，而公司高管的工作内容、工资报酬等方面均可以自主协商，已不具备法定性之劳动基准法的本质特征。

基于上述原因,笔者认为,最低工资制度的设立初衷是保护底层的劳动者,而此类公司高管不属于底层劳动者,至少应属于中上层劳动者,不属于最低工资制度保护的对象,因此,为了能够真正实现对弱者的保护,维护社会的公平正义,此类公司高管在适用最低工资制度上应当予以排除。

结论与展望

我国《劳动法》对公司高管不加区分地纳入适用范围，不但给实践中劳动争议处理带来极大困境，而且与劳动法倾斜保护理论和制度设计不吻合，与劳动关系发展新趋势和国际立法不能接轨。解决公司高管劳动法调整问题已经刻不容缓，然而，在现有劳动法立法主体体系框架范围内解决公司高管劳动法区别适用问题也是不切合实际的。本书从劳动法律关系理论视角，从公司与公司高管双重法律关系的角度，对公司高管与公司之间的劳动关系进行重新梳理，剖析其中的特殊性，目的是跳出原有的公司与其雇员一律存在劳动关系之理论框架，探讨劳动法对公司高管的适用范围，试图探讨劳动法对公司高管保护的边界。

本书从四个方面拓展了对公司高管区别适用劳动法的路径和对策。第一，公司高管与公司之间既存在委任法律关系，又存在劳动法律关系，在此理论基础上，应视不同类型公司高管，分别侧重适用劳动法或公司法。公司高管与公司之间的委任关系属于特别约定而形成的法律关系，劳动关系是基础和核心的法律关系，委任关系应优先适用，并应建立和完善促使公司法和劳动法的调整功能相互补充的配套制度，比如违约责任制度、连带赔偿责任制度、举证责任制度等。第二，从劳动者分层保护理论，阐述公司高管分层标准，并将公司高管划分为具有执行公司事务权力的公司高管、具有公司经营管理实际权力的公司高管和具有公司决策权的公司高管三种类型。第一种类型公司高管属于底层公司高管，与公司形成劳动关系，适用劳动法调整；第二种类型公司高管可以适用劳动法，但特定事项限制劳动法适用；第三种类型公司高管排除劳动法适用。具有双重属性的同一类型公司高管，视其不同事项区别适用劳动法和公司法，没有依法依规依约，超越职责范围，且主观存在过错的公司高管限制适用劳动法。第三，阐释公司高管区分适用劳动法的必要性，并提出区分适用立法时应遵循的原则。从丰富劳动法基础理论、完善劳动立法、解决劳动争议司法实务困境、优化人力资源管理等方面具有极其的必要性；立法时，应坚持认定标准从属性、不同类型公司高管控制程度差异性、社会发展本位、特定事项特殊限制、平衡协调公司与劳动者之间利益等原则。第四，为更有效地解决这一问题，对公司高管区分适用劳动法的立法技术和立法体例提出对策建议。立法应相对明确界定劳动者资格和公司高管身份属性，拟采用"概括+列举+授权+排除"的混合折中式立法模式。此种模式既能够对劳动法适用劳动者的范围作基本界定，又能够列举劳动者包括公司高管的具体情形，并且授权公司章程对特殊情形下的公司高管作出判断，同时又包括对高级公司高管以及不得适用劳动法的情形作出排除规定，兼顾了法律适用的原则性和灵活性。在立法体例上，应当采取特别立法的方式，建议由最高人民法院以司法解释的方式对公司高管劳动法适用作出特别规定，待时机成熟时，再上升为劳动法的一般规定。

尽管笔者长期从事劳动法和社会保障法的教学研究工作，在撰写本书时也尽可能地搜索世界各国和各地区关于公司高管劳动法适用的文献资料，但由于个人的研究能力和精力所限，加之此问题的复杂性,文中的论述存在不够系统、不够深入,法学与管理学交融不足等诸多问题,有待于在今后的学习工作中进一步加以深入探讨和研究。主要有以下问题。(1)公司高管劳动法适用范围立法完善,保护劳动者,规制公司高管,实现劳动法立法目的,在此基础上应如何有效完善公司治理制度,提升公司人力资源管理水平,提高公司效率,促进公司发展。(2)大数据背景下网络平台与其雇员之间的劳动关系与传统劳动关系的区别,其中的公司高管劳动关系有何特殊性,劳动立法应如何调整,人力资源管理应如何应对等。(3)微型企业公司高管区别适用劳动法有何特殊性,是否应当区别对待,豁免适用的边界如何等。(4)公司高管分层的标准和依据,如何体现原则性与灵活性相结合,不同类型的公司是否有不同的标准,认定标准是否有不同的语境和时代发展性等。

参考文献

一、论文类

[1] 张潇月. 论公司高级管理人员的劳动合同法律适用 [J]. 中国政法大学学报, 2018 (6).

[2] 叶小兰. 论我国劳动者分层保护的疏失与完善 [J]. 江苏社会科学, 2020 (6).

[3] 张静, 张军. 基于公司高管雇员劳动法适用规则问题研究 [J]. 湖北经济学院学报（人文社会科学版）, 2020 (176).

[4] 沈志康. 公司高管劳动法律适用初探 [J]. 山西省政法管理干部学院学报, 2020, 33 (2).

[5] 潘思思. 公司高管适用劳动法之困局及对策研究 [J]. 淮阴工学院学报, 2020, 29 (6).

[6] 冯彦君, 张颖慧. "劳动关系"判定标准的反思与重构 [J]. 当代法学, 2011, 25 (6).

[7] 谢增毅. 公司高管的劳动者身份判定及其法律规则 [J]. 法学, 2016 (7)

[8] 蒋建湘. 国企高管薪酬法律规制研究 [J]. 中国法学, 2012 (1).

[9] 周林彬, 冯平. 公司高级管理人员的主体范围研究——基于法经济学模型的解释与指导 [J] 学术论坛, 2019, 42 (2).

[10] 谢增毅.我国劳动关系法律调整模式的转变［J］.中国社会科学，2017（2）.

[11] 刘刚，于晓东.高管类型与企业战略选择的匹配——基于行业生命周期与企业能力生命周期协同的视角［J］.中国工业经济，2015（10）.

[12] 阎维博.董事离职法律制度理论基点辨析——以委任关系与劳动关系为双重视角［J］.中国人力资源开发，2016（6）.

[13] 黄贤华.公司法与劳动法视角下经理解聘适法冲突之解决路径［J］.法律适用，2016（11）.

[14] 王天玉.劳动法规制灵活化的法律技术［J］.法学，2017（10）.

[15] 谢增毅.劳动关系的内涵及雇员和雇主身份之认定［J］.比较法研究，2009（6）.

[16] 陈梦媛，唐贵瑶.面向高管的战略人力资源管理与公司创业关系研究［J］.山东大学学报（哲学社会科学版），2016（5）.

[17] 田野.劳动者辞职权的合理边界——以制度制衡为中心［J］.中南大学学报（社会科学版），2018，24（1）.

[18] 许建宇.劳动者忠实义务论［J］.清华法学，2014，8（6）.

[19] 邵珠同.高级管理人员适用劳动法的裁判考量——基于193份判决书的实证分析［J］.时代法学，2018，16（6）.

[20] 张小星.公司高管人员的法律性质研究［J］.黑龙江工业学院学报（综合版），2017，17（8）.

[21] 马君，刘岳庆.公司高管人员劳动法保护的边与界［J］.中国劳动，2012（10）.

[22] 尹晓坤.公司高级管理人员劳动法适用问题研究［J］.华中师范大学研究生学报，2017（4）.

[23] 徐文进，姚竞燕．公司治理语境下高级管理人员规制路径探析——以公司法与劳动法的规范冲突化解为视角［J］．中国劳动，2018（6）．

[24] 卢瑾．劳动法有关公司高管地位及特殊适用研究［J］．辽宁公安司法管理干部学院学报，2017（4）．

[25] 邱婕．《劳动合同法》十周年回顾系列之三《劳动合同法》之高级管理人员［J］．中国劳动，2018（3）．

[26] 问清泓．论高级管理人员劳动关系调整［J］．中国人力资源开发，2010（8）．

[27] 高国梁．论公司高级管理人员的劳动法规制［J］．吉林工商学院学报，2010，26（4）．

[28] 姚曙明，陈依婷．论劳动者分层保护的法律规制［J］．行政与法，2015（12）．

[29] 胡宇驰．论企业高管的劳动法地位——以高管是否应当豁免适用《中华人民共和国劳动合同法》为视角［J］．成都理工大学学报（社会科学版），2019，27（6）．

[30] 金新强．从公司高管竞业限制义务的法理基础分析看竞业限制规定之完善［J］．山东青年政治学院学报，2017，33（5）．

[31] 卢明威．公司董事之雇员身份论［J］．广西师范学院学报（哲学社会科学版），2008（4）．

[32] 杨德敏．公司高管劳动法适用问题探究［J］．社会科学，2018（9）．

[33] 马君，刘岳庆．公司高管人员劳动法保护的边与界［J］．中国劳动，2012（10）．

[34] 樊云慧．公司高管义务与董事义务一致吗？——美国的司法实践及其对我国的启示［J］．环球法律评论，2014，36（1）．

[35] 李哲. 公司高级管理人员雇员地位问题之探讨——从一则高额经济补偿金案例谈起[J]. 兰州学刊, 2007（12）.

[36] 彭祺. 公司解聘高管的劳动法适用问题[J]. 内江师范学院学报, 2019, 34（1）.

[37] 钱玉林. 经理地位的法律逻辑分析[J]. 法学, 2010（8）.

[38] 刘瑛. 企业高管人员劳动法排除适用研究[J]. 人力资源管理, 2016（5）.

[39] 李颖, 宋纯峰. 涉及公司高管人员劳动争议案件探析[J]. 人民司法, 2010（23）.

[40] 周开畅. 应对高管"双轨制"下的劳动纠纷[J]. 人力资源, 2015（15）.

[41] 唐震宇. 与《解除高级管理人员职务的法律适用》一文商榷解除企业高管职务适用《劳动合同法》[J]. 中国劳动, 2009（3）.

[42] 梁洪霞, 王芳. 从"996工作制"看我国休息权的国家保护义务[J]. 西南政法大学学报, 2019, 21（6）.

[43] 江苏省南京市中级人民法院民五庭. 关于加班工资纠纷审理的专项调研报告[J]. 法律适用, 2009（10）.

[44] 周林彬, 冯平. 公司高级管理人员的主体范围研究——基于法经济学模型的解释与指导[J]. 学术论坛, 2019, 42（2）.

[45] 石少侠. 我国新《公司法》中的公司治理结构[J]. 当代法学, 2007（6）.

[46] 肖海军. 商事主体入典的法例考察与模式选择[J]. 北方法学, 2016, 10（4）.

[47] 王全兴, 粟瑜. 用人单位违法不订立书面劳动合同的"二倍工资"条款分析[J]. 法学, 2012（2）.

[48] 高战胜. 未签订书面劳动合同时劳动者二倍工资请求权的适用条件研究 [J]. 法学杂志, 2012, 33 (12).

[49] 邵珠同. 法教义学视角下高级管理人员适用劳动法问题分析 [J]. 法治社会, 2020 (3).

[50] 沈建峰. 劳动法作为特别私法《民法典》制定背景下的劳动法定位 [J]. 中外法学, 2017, 29 (6).

[51] 马君, 刘岳庆. 公司高管人员劳动法保护的边与界 [J]. 中国劳动, 2012 (10).

[52] 王学力. 我国上市公司高管人员薪酬差异情况分析 [J]. 中国劳动, 2014 (5).

[53] 李哲. 公司高级管理人员雇员地位问题之探讨——从一则高额经济补偿金案例谈起 [J]. 兰州学刊, 2007 (12).

[54] 李子文. 公司高级管理人员解雇保护问题研究——以《劳动合同法》第 48 条为视角 [J]. 山东工会论坛, 2020, 26 (2).

二、著作类

[1] 王全兴. 劳动法 [M]. 4 版. 北京: 法律出版社, 2017.

[2] 谢增毅. 劳动合同法论 [M]. 北京: 社会科学文献出版社, 2019.

[3] 林嘉. 劳动法原理、体系与问题 [M]. 北京: 法律出版社, 2016.

[4] 董保华. 劳动合同立法的争鸣与思考 [M]. 上海: 上海人民出版社, 2011.

[5] 常凯. 劳动权论: 当代中国劳动关系法律调整研究 [M]. 北京: 中国劳动社会保障出版社, 2004.

[6] 孙国平．劳动法域外效力研究［M］．北京：中国政法大学出版社，2016．

[7] 黄越钦．劳动法新论［M］．北京：中国政法大学出版社，2003．

[8] 史尚宽．劳动法原论［M］．上海：世界书局，1934．

[9] 郑爱青．法国劳动合同法概要［M］．北京：光明日报出版社，2010．

[10] 田思路，贾秀芬．契约劳动的研究：日本的理论与实践［M］．北京：法律出版社，2007．

[11] 田思路，贾秀芬．日本劳动法研究［M］．北京：中国社会科学出版社，2013．

[12] 星野英一．私法中的个人［M］．王闯，译．北京：中国法制出版社，2004．

[13] 刘俊海．公司法学［M］．北京：北京大学出版社，2008．

[14] 王军．中国公司法［M］．北京：高等教育出版社，2015．

[15] 张楠．南开法律评论（第七辑）［M］．天津：南开大学出版社，2012．

[16] 叶金育．税法整体化研究：一个法际整合的视角［M］．北京：北京大学出版社，2016．

[17] 史蒂芬·哈迪．英国劳动法与劳资关系［M］．陈融，译．北京：商务印书馆，2012．

[18] 沃尔夫冈·多伊普勒．德国劳动法［M］．11版．王倩，译．上海：上海人民出版社，2016．

[19] 曼弗雷德·魏斯，马琳·施米特．德国劳动法与劳资关系［M］．倪斐，译，北京：商务印书馆，2012．

[20] 丹尼斯·吉南．公司法［M］．朱羿锟，译．北京：法律出

版社，2005.

三、学位论文类

[1] 姜亚松．公司管理人员劳动法适用问题研究［D］．上海：上海师范大学，2020.

[2] 段昕彤．公司高管劳动法适用问题研究［D］．长春：吉林大学，2019.

[3] 唐宁．公司解聘高管法律适用研究［D］．重庆：西南大学，2020.

[4] 黄秋萍．对高级管理人员劳动者资格的质疑［D］．北京：中国政法大学，2011.

[5] 薛惠敏．分层保护视野中劳动者身份的认定［D］．长春：吉林大学，2017.

[6] 柴敏．高管劳动关系解除中的法律问题研究［D］．沈阳：沈阳师范大学，2016.

[7] 金丽．高级管理人员的劳动法适用实证研究［D］．重庆：西南政法大学，2017.

[8] 陈哲．公司高管劳动法适用问题研究［D］．南京：南京工业大学，2018.

[9] 赵彩霞．公司高管劳动关系法律适用的冲突与协调［D］．兰州：兰州大学，2017.

[10] 杨春建．公司高级管埋人员的劳动法适用问题研究［D］．上海：华东政法大学，2018.

[11] 谷超．公司管理人员违法解雇救济制度研究［D］．南京：南京大学，2017.

[12] 杨斐．《劳动合同法》对X公司人力资源管理提升的研究

[D].成都：四川师范大学，2013.

[13] 徐嘉.论公司解聘高管适用劳动法的困境及对策[D].上海：华东政法大学，2016.

[14] 舒意.企业高管适用劳动法律法规的困境及对策分析[D].重庆：西南政法大学，2018.

[15] 张彤雷.企业高级管理人员劳动者身份质疑[D].长春：吉林大学，2014.

[16] 张程.企业人力资源管理中的法律风险及对策研究[D].济南：山东大学，2013.

[17] 张翼飞.公司管理人员的劳动法适用问题研究[D].上海：华东政法大学，2012.

[18] 蔡小涵.从证明视角观高管适用劳动法之困局[D].厦门：厦门大学，2017.

[19] 吴染.公司高管人员身份解除中法律适用的冲突与解决[D].上海：华东政法大学，2018.

[20] 张伟佳.公司高管适用劳动法质疑[D].长春：吉林大学，2018.

[21] 周正磊.公司高级管理人员劳动法适用问题的思考[D].重庆：西南政法大学，2018.

[22] 屈丹丹.公司高级管理人员劳动法适用研究[D].合肥：安徽大学，2019.

[23] 孙国平.劳动法域外效力研究[D].苏州：苏州大学，2015.

[24] 邓颖.劳动者分层保护模式的探究[D].南昌：江西财经大学，2017.

[25] 江小燕.企业高级管理人员"劳动者"身份之质疑[D].

苏州：苏州大学，2016.

[26] 刘立.MX公司人力资源优化配置研究［D］.济南：山东大学，2020.

[27] 冯瑜.GN公司人力资源激励管理优化研究［D］.南昌：南昌大学，2020.

[28] 吴怡.G公司薪酬管理体系优化研究［D］.郑州：郑州大学，2020.

[29] 刘洋.X公司人力资源管理优化研究［D］.北京：北京工业大学，2020.

后　　记

　　回首往事，那是在一个春天的晚上，在学习劳动合同法与企业战略管理时，我突然闪现思路，想到劳动法能够有效指导企业的人力资源管理工作，能够协助企业预防、化解及避免相关法律风险。出于对人力资源管理的好奇，我很快萌发从事法学和管理学交叉研究的浓厚兴趣，选择了工商管理博士后科研流动站就此选题做博士后研究工作，转眼到了即将出站的时刻，我的内心感触与感激之情交织甚多。

　　首先，衷心感谢合作导师卢福财教授，因为他的"大气"，接纳了毫无人力资源管理专业基础的我，使我顺利进站，迎来了更高的研习平台和机会；因为他的"大爱"，使我获得了他不厌其烦地从选题、开题、报告撰写、修改等环节的悉心指导，才得以完成此报告；因为他的"大度"，时间过得太快，一转眼就即将超过正常出站时间了，由于他的豁达、大度和鼓励，使我坚持到最后。导师几年来的耐心指教，令我对他的感激之情无以言表，感触良多，不仅仅是知识的传授，更多地是研究思路、执着精神、为人品格对本人的潜移默化。

　　其次，感谢胡海波教授、蔡文著教授、杨锋教授、熊进光教授、易有禄教授，在举国上下防控疫情的特殊时期，克服困难参加本人博士后出站报告评阅及答辩，他们爱岗敬业、热心助人、

后　记

不怕困难的精神值得我崇敬。

最后，感谢对本书所涉的领域做过大量学术研究的各位前辈及专家学者，他们的学术成果给了我很大启示；感谢聂森博士、余鹏峰博士、洪宇飞、徐昕晨、王卓雅为本书的形成和出版所提供的帮助；感谢我的同事和家人对我从事博士后研究工作的支持、鼓励和帮助，他们给予我的研习动力，是完成本书的重要保障。

本书从劳动法律关系构成理论视角对公司高管劳动法适用问题进行分析和展开论述，提出了区别适用劳动法原则、规则和边界，但对公司法与劳动法在适用于公司高管时的效力边界、排除适用的范围等问题的研究深度不够。

本人才学粗浅，定有不足之处，敬请读者批评指正。

杨德敏
2021 年 8 月 16 日晚于赣江之畔